Helmut Arndt
Arbeitslosigkeit und Wirtschaftsentwicklung

Helmut Arndt

Arbeitslosigkeit und Wirtschaftsentwicklung

Fragen zur Erhaltung der sozialen Marktwirtschaft

Leske + Budrich, Opladen 1996

ISBN 978-3-322-93302-7   ISBN 978-3-322-93301-0 (eBook)
DOI 10.1007/978-3-322-93301-0

Gedruckt auf säurefreiem und altersbeständigem Papier.
© 1996 Leske + Budrich, Opladen

Satz: Leske + Budrich

Vorbemerkungen

Um den Leser auf das einzustimmen, was ihn hier erwartet, sind drei Vorbemerkungen zweckmäßig, welche die Hauptergebnisse vorwegnehmen:

1. Bedeutung von Entwicklung und Außenhandel für die Beschäftigung

Die Beschäftigungsproblematik ist in einer sich entwickelnden Marktwirtschaft anders gelagert als in Gleichgewichtsmodellen. In einer sich entwickelnden Wirtschaft gibt es neben *Ricardo-Gütern*, deren Preise im Gleichgewicht durch die (Grenz-)Kosten bestimmt werden, *Schumpeter-Güter* und damit neue Qualitäten, deren Produktion durch Patente, Fabrikationsgeheimnisse u.dgl. beschränkt ist und deren Preise sich daher nach der *jeweiligen Knappheit am Markt* bilden. Auch Ricardo-Güter werden im Außen- wie im Binnenhandel häufig zu Ausgleichspreisen und damit zu vom Kostenpreis abweichenden Knappheitspreisen verkauft. Dies gilt z.B. dann, wenn Händler Waren aus Gegenden, wo sie relativ reichlich vorhanden sind, in Gegenden verkaufen, wo sie selten sind. Die Ausnutzung derartiger Unterschiede im Grade der Knappheit ist Ziel und Aufgabe vieler Handelsgeschäfte. Sowohl die Entwicklung wie der Handel sind für Wohlstand und Beschäftigung von entscheidender Bedeutung. Dies folgt nicht nur daraus, daß in beiden Fällen die Waren erst produziert werden müssen, die investiert oder gehandelt werden. Entscheidend ist vielmehr in diesem Zusammenhang, daß Handelsgeschäfte wie Investitionen normalerweise mit *Kreditschöpfung* (durch Handelswechsel etc.) verbunden sind und daß Novitäten und unter ihnen besonders neue Arten von Konsumgütern völlig neuen und damit *zusätzlichen Bedarf* hervorrufen. Der Bedarf nach Fahrrädern entsteht erst, wenn es Fahrräder gibt.

2. Beschäftigungsproblematik in der sich entwickelnden Marktwirtschaft

In der Marktwirtschaft entsteht Arbeitslosigkeit,[1] wenn die wirtschaftliche Entwicklung verlangsamt wird (*Entwicklungsarbeitslosigkeit*). Ursache dieses Phänomens kann zum einen eine der Entwicklung widersprechende Verteilung des Sozialprodukts unter den Wirtschaftern sein. Werden die Arbeitnehmer benachteiligt, so tritt die Massenarbeitslosigkeit wellenförmig auf, wie in den Wirtschaftskrisen des 18. und 19. Jahrhunderts. Kommen die Unternehmen infolge überhöhter *Lohnkosten* zu kurz, so werden Novitätsinvestitionen, die zu Schumpeter-Gütern führen, zurückgestellt, Ricardo-Güter werden zu teuer, und es entsteht permanente Entwicklungsarbeitslosigkeit. Im ersten Fall ist die Arbeitslosigkeit „nachfrage-" und im zweiten „angebotsbedingt". Zu niedrige Löhne sind durch die Gewerkschaften beseitigt worden. Sind die Lohnkosten jedoch der wirtschaftlichen Entwicklung vorausgeeilt, so ist die erforderliche Umstellung schmerzhaft für die Arbeitnehmer. Es ist daher eine umfassende Aufklärung notwendig, in der nicht zuletzt darauf hinzuweisen ist, daß nach Beseitigung der Entwicklungsstörung die Reallöhne wieder schneller steigen. Entwicklungsarbeitslosigkeit wird zum anderen aber auch vom *Staat* durch Höhe und Progression der *Besteuerung* verursacht, wobei zu beachten ist, daß in Marktwirtschaften die *Real*einkommen durch die Entwicklung steigen und die *Nominal*einkommen, die der Besteuerung zugrunde liegen, durch die Inflationsrate aufgebläht werden, so daß die anwachsende Steuerlast die Fortdauer der Entwicklung bedroht. Außerdem wird auch

---

1   Unter Arbeitslosigkeit wird hier weder „freiwillige" noch saisonale oder Übergangsarbeitslosigkeit, sondern *Massenarbeitslosigkeit* verstanden.

das Phänomen der *Weltarbeitslosigkeit* zu behandeln sein, das selbst in der Gegenwart zu beobachten ist und bei der die Entwicklung von Schumpeter-Gütern ebenfalls eine Rolle spielt.

3. Die Lehre von der Wirtschaft ist keine Naturwissenschaft

In der Wirtschaftstheorie haben Anpassung und Entwicklung – von einigen wichtigen Ausnahmen abgesehen – nur als Randerscheinungen Beachtung gefunden. Im allgemeinen konzentriert sich die Theorie auf Gleichgewichtslagen und mechanische Zusammenhänge. Aus dieser Sicht findet François Quesnay den Wirtschaftskreislauf (analog zum Blutkreislauf) und David Hume den internationalen Goldautomatismus, so begründet Anne Robert Turgot das Ertragsgesetz, Adam Smith die Lehre vom „natürlichen Preis" und David Ricardo die Lehre vom „natürlichen Lohn", so leitet die Marktformenlehre ihre Ergebnisse aus als konstant angenommenen Betrieben, Waren und Wertungen ab und so entdeckt noch Keynes sein „psychologisches Gesetz" in einer Modellwelt, in der es keine Novitäten gibt und die Geschmacksrichtungen und Gewohnheiten der Verbraucher als gegeben vorausgesetzt werden. Durch den genialen Einfall, die Wirtschaftstheorie wie eine Naturwissenschaft zu betrachten, haben die Theoretiker eine Fülle bedeutender Erkenntnisse gewonnen, aber sie haben sich damit zugleich den Weg versperrt, die für Markt- und Weltwirtschaft charakteristischen Entwicklungs- und Anpassungsvorgänge vorrangig zu analysieren, die es in staatlichen Planwirtschaften nach Art von Lenins Sowjetstaat nicht gibt und niemals geben kann. Indem Ökonomen die Welt der Wirtschaft als ein Teil der Natur auffassen, übersehen sie jedoch, daß die Wirtschaft vom Menschen geschaffen und gestaltet wird und daß dieses vom Menschen geschaffene und gestaltete Werk außerhalb von Zeit und Raum und ohne qualitative Unterschiede überhaupt nicht existieren kann. Infolge der Einseitigkeit eignen sich die Ergebnisse dieser Theorien daher nur sehr bedingt, um eine Marktwirtschaft ohne Arbeitslosigkeit herzustellen und zu erhalten. Zu ihrer Ergänzung ist eine *Theorie der Anpassung und Entwicklung* erforderlich. Wie schon in früheren Abhandlungen wie „Vollbeschäftigung" (1984), „Economic Theory VS. Economic Reality" (USA 1984) oder dem „Lehrbuch der Wirtschaftsentwicklung" (1994) stehen auch in dieser Schrift Anpassung und Entwicklung und damit zugleich *Innovationen* im Mittelpunkt des Interesses.

Schumpeters Feststellung, daß sich unsere Wirtschaft entwikkelt, *Keynes* Warnung vor Anwendung einer aus einem Sonderfall abgeleiteten Theorie und Euckens Hinweis auf die Suche der Ökonomen nach der „natürlichen Ordnung" haben diese Abhandlung angeregt.

Zu Dank verpflichtet bin ich auch meinem Sohn Alviano, der meine Gedanken in Maschinenschrift übertragen hat.

Berlin, im August 1996

Helmut Arndt

Inhalt

1. Kapitel
Entwicklung und Anpassung in der Marktwirtschaft

Als wesentlichster Punkt ist festzuhalten,
daß wir uns ... mit einem Entwicklungsprozeß
befassen. Es mag merkwürdig scheinen, daß
ein so offensichtlicher Sachverhalt ...
überhaupt übersehen werden kann.

Joseph A. Schumpeter

I. In Marktwirtschaften sind neue Qualitäten von Gütern, die infolge des Patentschutzes etc. relativ selten sind, von größerer Bedeutung als Ricardos „beliebig reproduzierbare Güter"[2]

Marktwirtschaftliche Probleme wie die Arbeitslosigkeit lassen sich nicht mit Hilfe von Modellen analysieren, in denen allein Preis und Menge sowie allenfalls Produktdifferenzierung vorhanden sind. Entscheidend für die Marktwirtschaften der Gegenwart sind weniger die Märkte für beliebig reproduzierbare Güter wie Erze, Eisen oder Stahl, sondern Märkte[3], die wie der Automobilmarkt seinerzeit um die Jahrhundertwende erst *neu entstanden* sind und deren Produkte nach ihrer Entstehung von konkurrierenden Unternehmen *weiterentwickelt* werden, wie ebenfalls das Beispiel des Automobilmarkts zeigt. In ähnlicher Weise haben sich

---

2 Vgl. zum folgenden: Arndt, Lehrbuch der Wirtschaftsentwicklung, Berlin 1994.

3 Der Begriff Markt wird hier stets im Sinn des Bedarfsmarktes gebraucht, an dem wie am Automarkt heterogene Güter den gleichen Bedarf decken, vgl. Arndt, Anpassung und Gleichgewicht, JB f. NÖ u St 170, 1958.

die Waren an den Märkten für Computer, Videogeräte, Küchenautomaten, Maschinen, Roboter usw. entwickelt (und entwickeln sich weiter).

In Marktwirtschaften werden laufend (wenn auch nicht kontinuierlich) *Novitäten* und damit neue oder bessere Qualitäten herausgebracht, die mit herkömmlichen und weiterhin produzierten Waren konkurrieren, wobei die Preise der herkömmlichen Waren durch die Kosten, genauer gesagt: die Grenzkosten, bestimmt werden, während sich die Preise von Novitäten nach der Intensität der Nachfrage, oder präziser formuliert: nach der am Markt jeweils bestehenden Knappheit richten[4]. Denn die Reproduktion von Novitäten ist in den ersten Jahrzehnten ihrer Existenz durch das staatliche Patentgesetz oder auch durch Fabrikationsgeheimnisse auf das schöpferische Unternehmen und eventuelle Lizenznehmer beschränkt. Dank dieser Produktionsbeschränkung erhält ihr Hersteller oder Anbieter die Chance, nach der Stärke des Begehrens seiner Kunden seine Preise zu wählen. Damit gibt es in einer Marktwirtschaft stets zwei Kategorien von industriell oder gewerblich hergestellten Gütern:

1. die beliebig produzierbaren Güter Ricardos, deren Preise durch die Grenzkosten bestimmt werden, und
2. die relativ seltenen Novitäten, deren Preise sich nach der am Markt bestehenden Knappheit richten (Schumpeter-Güter).

Bisher hat allerdings die Beschäftigungstheorie vornehmlich mit Modellen gearbeitet, in denen Betriebe und Waren ebenso wie die Technik als gegeben unterstellt werden, und Novitäten, die unsere Geschmacksrichtungen ebenso wie unsere Gewohnheiten ändern, überhaupt nicht vorkommen. Ein privater Haushalt vor Anschaffung eines Fernsehgerätes und nach Anschaffung des Fernsehapparates ist aber nicht mehr in jeder Hinsicht derselbe.

---

4   Sofern das schöpferische Unternehmen nicht einen ganz neuen Markt begründet und vorübergehend Monopolpreise bezieht, wie Schumpeter in seiner Theorie der wirtschaftlichen Entwicklung unterstellt. Die „Marktform" des Monopols ist allerdings nicht anwendbar, weil es sich hier um kein Gleichgewicht, sondern um *Aktionen* eines schöpferischen Unternehmens handelt, die sich *innerhalb des Entwicklungswettbewerbs* vollziehen, worauf Schumpeter ebenfalls – wenn auch mit anderen Worten – aufmerksam gemacht hat.

Die Annahme, daß sich die *„beliebig reproduzierbaren Waren"* in der realen Welt im Gleichgewicht befinden, steht allerdings ebenfalls mit den Verhältnissen in einer Marktwirtschaft in Widerspruch. Auch die Preise für Zinn, Zink, Blei, Stahl oder Weizen ändern sich laufend – und zwar keineswegs nur weil ihre Produktionskosten variieren, sondern vor allem auch, weil *Angebot und Nachfrage* zu- oder abnehmen. Eine Erhöhung der Nachfrage nach einem Gut erhöht dessen Knappheitspreis ebenso wie ein vorübergehender Rückgang im Angebot. Ein Streik, der das Angebot verknappt, steigert den Preis ebenso wie eine Mißernte. Da alle Märkte mehr oder minder miteinander in Zusammenhang stehen, spricht vieles dafür, daß Gleichgewichtspreise eine Ausnahme und Ausgleichspreise die Regel sind.

Zwischen den Knappheitspreisen, die sich normalerweise bei Ricardo- und Schumpeter-Gütern ergeben, besteht allerdings ein grundlegender Unterschied:

1. Bei *Ricardo-Gütern* sind Kosten- und Vorteilskurven vorhanden. Bei ihnen bewegen sich die Knappheitspreise, wenn man von Ausnahmesituationen wie Krieg, Revolution u.dgl. absieht, *in der Nähe* der Kostenpreise, wie dies bereits Adam Smith nachgewiesen hat.

2. Bei *Schumpeter-Gütern* werden die Preise zumindest bei ganz neuen *Arten von Gütern* allein durch die Knappheit bestimmt, weil an entstehenden Märkten noch keine Kosten- und Vorteilskurven „gegeben" sind. Auch bei neuen *Güterqualitäten* richten sich die Preise *weit mehr* nach der Intensität der Nachfrage als nach den Kosten, die überdies zumeist erst ex post ermittelbar sind.

Zusammenfassung

Es gibt in Marktwirtschaften nicht nur „beliebig reproduzierbare Güter", deren Preise sich im Gleichgewicht nach den (Grenz-)Kosten richten, sondern auch *Schumpeter-Güter,* die als Novitäten in den ersten Jahrzehnten ihrer Existenz durch Patente, Fabrikationsgeheimnisse u.dgl. gegen Nachahmung geschützt werden und deren Preise sich insoweit wie bei sog. Seltenheitsgütern nach der Intensität der Nachfrage richten. Selbst die Preise von Ricardo-Gütern variieren, wenn kein Gleichgewicht besteht, mit Angebot und Nachfrage und damit mit der *Knappheit* (Knappheitspreise oder Ausgleichspreise). Nach einer Mißernte sind die Preise hoch, ohne daß sich die Produktionskosten im entsprechenden Umfang geändert haben. Bei Schumpeter-Gütern sind zunächst überhaupt noch keine Angebots- und Nachfragekurven vorhanden. Diese Kurven entwickeln sich wie der zugehörige Markt erst im Zeitverlauf. Solange es noch keinen Computer gibt, kann es für dieses Gut auch noch keine Angebots- und Nachfragekurven geben.

II. In Marktwirtschaften gibt es nicht nur – wie in der statischen Theorie – Erhaltungs- und Erweiterungsinvestitionen, sondern auch Entwicklungsinvestitionen, in denen neue, bisher unbekannte oder zumindest verbesserte Kapital- und Konsumgüter geschaffen werden.

Durch die Entwicklungsinvestitionen werden gänzlich neue Märkte geschaffen oder – was weitaus häufiger ist – die Waren schon vorhandener Märkte weiterentwickelt. Ohne diese Weiterentwicklung sähe ein Auto im Jahre 1996 noch genauso wie ein Automobil von 1898 aus und hätte wie dieses in jeder Hinsicht die gleichen Eigenschaften.

Die Entwicklungsinvestitionen zerfallen in Novitäts- und Rationalisierungsinvestitionen, wobei man sich darüber im klaren sein muß, daß die Novitätsinvestitionen (die man auch als Entwicklungsinvestitionen im engeren Sinn bezeichnen kann) stets den Rationalisierungsinvestitionen vorausgehen. Man kann keine Dampfmaschine einsetzen, bevor sie von einem schöpferischen Unternehmen in die Welt gesetzt wurde. Und man kann die Produktion in Fabriken nicht mit Hilfe von Computern steuern, bevor es einen Markt für Computer gibt.

Zwei Arten von Investitionen sind infolgedessen notwendig für die marktwirtschaftliche Entwicklung[5]:

1. die *Novitätsinvestitionen,* denen wir die *Entstehung von Kapitalgütern* verdanken, ohne die es keine Rationalisierung in den Betrieben gibt, und *die neue Konsumgüter marktreif* werden lassen, die – wie die Kreation des Autos – den gesellschaftlichen Bedarf qualitativ verändern und quantitativ erhöhen.

---

5 Vgl. hierzu Arndt, Leistungswettbewerb, Berlin 1986, S. 30ff.

16

2. die *Rationalisierungsinvestitionen*, durch die Kapitalgüter und insbesondere immer wieder neue Arten von Kapitalgütern zur Erhöhung der Produktivität eingesetzt werden.

Rationalisierungsinvestitionen setzen Arbeitskräfte frei, falls nicht gleichzeitig durch Novitätsinvestitionen neue Qualitäten von Konsumgütern und damit neuer und zusätzlicher Bedarf geschaffen wird. Nur wenn die Entwicklung des Bedarfs der Entwicklung des Angebots entspricht, vollzieht sich die volkswirtschaftliche Entwicklung ohne das Auftreten von Arbeitslosigkeit. Lohnerhöhungen allein reichen somit nicht aus, um durch Steigerung des volkswirtschaftlichen Bedarfs die Nachfrage nach Arbeit zu erhöhen. Dies gilt insbesondere dann, wenn die zusätzlichen Lohneinheiten nicht im Inland, sondern im Ausland – sei es für Auslandsreisen oder importierte Autos – ausgegeben werden. Die Kreation neuer Nachfrage muß der Kreation neuen Angebots in einer Volkswirtschaft die Waage halten. Die Kreation neuen Angebots und die gleichzeitige Kreation neuer Nachfrage sind in einer sich entwickelnden Marktwirtschaft die Grundvoraussetzung für Vollbeschäftigung.

Novitätsinvestitionen werden auch heute noch nicht selten von Ökonomen und Politikern mit Erweiterungsinvestitionen verwechselt. Tatsächlich gibt es Erweiterungsinvestitionen auch in Modellen, die sich auf Preise und Mengen beschränken. Sie vergrößern bei gleichbleibender Produktionstechnik und konstanten Warenqualitäten lediglich die betriebliche Kapazität. Nach ihrer Fertigstellung rufen sie keine zusätzliche Nachfrage – weder bei den Betrieben noch bei den privaten Haushalten – hervor. *Novitätsinvestitionen* hingegen bringen neue Qualitäten von Gütern in die Welt, was bei Konsumgütern *langfristig zu zusätzlicher Nachfrage* führt, die wiederum die Nachfrage nach Arbeit belebt. Man überlege nur, welche Nachfrage seit der Marktreife des Kraftwagens Ende vorigen Jahrhunderts am Automobilmarkt entstanden ist und welche Auswirkungen diese Nachfrage im Ablauf der letzten rd. hundert Jahre auf den Arbeitsmarkt in Ländern wie Deutschland oder den Vereinigten Staaten gehabt hat. Man kann wie die Amische in den USA oder viele Bundesbürger die Technik für ein Werk des Teufels erklären, aber man darf nicht übersehen, daß sie in Gestalt von Autos, Telefon, Fernsehern und Küchenautomaten Nachfrage und damit Arbeit schafft.

17

In *Staatswirtschaften* sind Novitäten und Qualitätsverbesserungen die Ausnahme. Sofern sie auftreten, sind sie vom Staat angeregt und ihre Preise vom Staat festgesetzt. *Marktwirtschaften* hingegen ist die ständige – wenn auch nicht kontinuierliche – Kreation neuer und besserer Qualitäten wesensimmanent. Dies gilt zumindest dann, wenn Novitäten staatlichen Patentschutz erhalten und infolgedessen in den ersten Jahrzehnten ihres Daseins entsprechend hohe Preise erzielen. Nur wenn die aus Novitäten erwarteten Gewinne das mit ihnen verbundene Risiko übersteigen, gibt es eine anhaltende wirtschaftliche Entwicklung.

Zusammenfassung

In Marktwirtschaften gibt es neben den Erhaltungs- und Erweiterungsinvestitionen der statischen Theorie *Entwicklungsinvestitionen,* bei denen sich unterscheiden lassen:

1. die *Novitätsinvestitionen,* welche die Herstellung neuer Qualitäten von Kapital- und Konsumgütern ermöglichen, und
2. die *Rationalisierungsinvestitionen,* die diese neu geschaffenen Kapitalgüter zur Erhöhung der Produktivität einsetzen.

Die Rationalisierungsinvestitionen setzen Novitätsinvestitionen voraus. Man kann keine Dampfmaschine einsetzen, bevor es einen Markt für Dampfmaschinen gibt.

Rationalisierungsinvestitionen setzen Arbeitsplätze frei. Novitätsinvestitionen schaffen zusätzliche Nachfrage nach Arbeit. Dies gilt insbesondere bei der Kreation neuer Konsumgüter wie z.B. Fernsehgeräten.

III. Die Konkurrenz ist kein Zustand, sondern ein Prozeß, der aus Entwicklungs- und Anpassungswettbewerb besteht[6]

Der Wettbewerb, der sich in der Realität abspielt und in Marktwirtschaften für Anpassung und Entwicklung sorgt, ist kein Gleichgewicht, sondern ein Bündel von Prozessen, die bestimmte Funktionen in Marktwirtschaften erfüllen, nämlich

1. die Funktion, neue Konsumgüter und billigere Produktionsverfahren zu entwickeln[7],
2. die Funktion, Angebot und Nachfrage, wenn sie auseinanderdriften, wieder quantitativ und qualitativ aufeinander abzustimmen.

Die erste Funktion erfüllt der Entwicklungswettbewerb, die zweite der Anpassungswettbewerb. Sowohl im Entwicklungs- wie im Anpassungswettbewerb werden die Preise nicht wie im Gleichgewicht durch die Kosten, sondern durch die jeweilige Knappheit am Markt bestimmt.

---

6   Vgl. hierzu Arndt, Konkurrenz und Monopol in Wirklichkeit, Jb. f. NÖ u. St. 161, 1949; ders., Schöpferischer Wettbewerb und klassenlose Gesellschaft, Berlin 1952; ders., Leistungswettbewerb und ruinöse Konkurrenz, Berlin 1986. – Hayek hat den Wettbewerb als „Entdeckungsverfahren" definiert. Sein Begriff ist einprägsam, aber wie vieles, was einfach ist, irreführend. Wettbewerb ist kein Verfahren, sondern ein Vorgang, genauer gesagt, ein Bündel von Prozessen. Weder sind alle Wettbewerber Entdecker noch ist Entdecken das einzige, was Wettbewerber zu tun haben. Vgl. aber Friedrich A. v. Hayek, Freiburger Studien, Tübingen 1969, ders., The Presence of Knowledge, AER Dec. 1989.

7   Vgl. Schumpeter (Theorie der wirtschaftlichen Entwicklung, Berlin 1912), der jedoch mit seiner Theorie den sog. „Konjunkturzyklus" erklären will. Auf den Wettbewerb hat er seinen genialen Einfall nicht angewendet. Vielmehr glaubte er im „monopolistischen Wettbewerb" der Gleichgewichtstheorie sein Wettbewerbsideal gefunden zu haben. Zur Marktform der Firmenmonopole vgl. Piero Sraffa, The Laws of Returns under Competitive Conditions, Ec.J, 36, Dec. 1926. Sraffa kommt vom falschen Ausgangspunkt zu falschen Ergebnissen: Qualitätsunterschiede reichen zu Monopolen nicht aus, sondern sind der Marktwirtschaft adäquat.

Im *Entwicklungswettbewerb* konkurrieren Unternehmen in Marktwirtschaften nicht nur und auch nicht primär mit ihren Preisen, sondern mit ihren Qualitäten. Sie versuchen, sich durch neue Modelle an bestehenden Märkten einen Vorsprung zu verschaffen resp. einen Rückstand gegenüber ihren Konkurrenten wieder einzuholen. Ausnahmsweise können sie auch gänzlich neue Arten von Waren herausbringen und sich damit einen ganz neuen Markt schaffen, an dem sie ein vorübergehendes Monopol besitzen. Ist dies der Fall, so gibt es im Augenblick der Kreation des neuen Marktes überhaupt noch keine Angebots- und Nachfragekurven. Sie entstehen erst mit der Entwicklung des Marktes. Daimler oder Benz haben in der ersten Zeit ihres Bestehens alle paar Wochen ein Auto verkauft.

Der Entwicklungsprozeß besteht aus zwei Phasen:

1. *Das kreative Unternehmen bringt eine Novität heraus.* Wenn seine Neuerung einschlägt, erzielt es einen Unternehmergewinn, weil sein Gut, solange es gegen Nachahmungen geschützt wird, eine Art Seltenheitsgut ist (*Entwicklungsfunktion des Wettbewerbs*).
2. Nach Ablauf der Schutzfrist treten Nachahmer auf und drükken den Preis auf die Grenzkosten, sofern dieser Prozeßverlauf nicht durch weitere Neuerungen am gleichen Markt unterbrochen wird (Sozialisierungsfunktion des Wettbewerbs).

Diesem Entwicklungswettbewerb sind (fast) alle Waren zu verdanken, die heute im Einzelhandel erhältlich sind.

Ein störungsfreier Verlauf der Entwicklung setzt voraus, daß die Wirtschafter – und zwar die Unternehmen ebenso wie die Verbraucher – ihre Nachfrage der Entwicklung des Angebots anpassen – und zwar sowohl bezüglich der Menge als auch bezüglich der Qualitäten. Daß sich in der Realität in den Marktwirtschaften im großen und ganzen eine Abstimmung der Nachfrage auf das Angebot trotz aller Wirtschaftskrisen und Fehlentwicklungen vollzogen hat, zeigen insbesondere die Ergebnisse der letzten beiden Jahrhunderte. Heute haben Menschen in Deutschland wie in den Vereinigten Staaten materiell einen Lebensstandard erreicht, von dem Lessing, Schiller oder Heine noch nicht einmal träumen konnten. Ohne die menschliche Kreativität und ohne die Entwicklungsinvestitionen sowie ohne die gleichzeitig vor sich gehende

Bedarfsentwicklung wäre dies Resultat nicht möglich gewesen. Daß die Arbeiter in der Zeit des Kapitalismus von dieser Entwicklung ausgeschlossen waren, war die Folge einer *Verzerrung* des Wettbewerbs, für die primär der Staat durch das Verbot von Arbeiterzusammenschlüssen und durch das Versagen jeglichen Kündigungsschutzes verantwortlich gewesen ist[8].

Der Entwicklungswettbewerb übt endlich eine *Erziehungsfunktion* aus, die in Staatswirtschaften ebenfalls fehlt. In Marktwirtschaften werden die Wirschafter durch den Wettbewerb erzogen, ihr Eigentum zu pflegen und Häuser wie Betriebe in Ordnung zu halten. – In Staatswirtschaften gibt es diese Erziehungsfunktion nicht. Dies hat sich mit aller Deutlichkeit beim Ende der DDR gezeigt. Wohnhäuser und Fabriken waren weitgehend verwahrlost, die Maschinen veraltet und verbraucht. In anderen Staatswirtschaften wie der Sowjetunion, der Czechoslowakei, Bulgarien, Rumänien und Polen war dies nicht anders.

2. Der *Anpassungswettbewerb* hat die Funktion, Mangel und Überfluß[9] zu überwinden und damit Angebot und Nachfrage aufeinander abzustimmen, wenn sie auseinanderdriften. Die Produktion von Überfluß, der nicht gebraucht wird, vergeudet sinnlos Produktionsfaktoren. Die Überwindung von Mangel zieht Produktionsfaktoren dorthin, wo sie dringend gebraucht werden. Der Anpassungswettbewerb funktioniert nur dann reibungslos, wenn sich die *Preise unabhängig von den Kosten nach der jeweiligen Knappheit am Markt* richten, wenn die Waren beliebig reproduzierbar sind[10] und sterbende Märkte nicht künstlich durch Subventionen am Leben gehalten werden. In Staatswirtschaften gibt es den Anpassungswettbewerb nicht. In ihnen kann infolgedessen Mangel langfristig fortbestehen, während andererseits Güter produziert werden, die niemand haben will.

Im Anpassungswettbewerb werden nicht mehr wie im Gleichgewicht die Preise durch die Kosten bestimmt, sondern richten sich nach der Knappheit am Markt. Besteht ein Mangel, so über-

---

8 Kapitalismus und Marktwirtschaft sind daher grundverschieden.
9 Überfluß ist hier nicht mit Reichtum zu verwechseln, sondern ist Vergeudung.
10 In einer belagerten Stadt sind z.B. Lebensmittel nicht beliebig reproduzierbar: der Anpassungsprozeß infolgedessen funktionslos.

steigen die Preise die Kosten mitunter um ein Vielfaches. Es entstehen jene Gewinne, die Keynes als „windfall gains" bezeichnet. Entsteht ein Überfluß, so sinken die Preise mehr oder minder weit unter die Grenzkosten. Einige Unternehmen und im Grenzfall alle Unternehmen erleiden Verluste. Bei größeren Schwankungen spricht man von „Käufermarkt" und „Verkäufermarkt". Es handelt sich hier jedoch nicht um verschiedene Märkte, sondern um *verschiedene Anpassungsprozesse,* die am Markt stattfinden. Die Knappheitspreise (die von den Kosten abweichen) sind es also, die eine Marktwirtschaft so steuern, daß in ihr Mangel und Überfluß schnellstmöglich überwunden wird. Ohne Anpassungswettbewerb ist eine Volkswirtschaft steuerungslos, was nicht erkennbar ist, wenn man Konkurrenz – wie die Marktformenlehre – als vollkommenes Gleichgewicht definiert. Ebenso eignet sich das Modell der „atomaren Konkurrenz" nicht zur Darstellung von Anpassungsprozessen. Wenn alle Anbieter gleichermaßen „unendlich klein" sind, bzw. mit den gleichen Kosten homogene Güter herstellen, scheiden bei einer Preissenkung alle Anbieter mit einem Schlage aus.

Zusammenfassung

Konkurrenz ist kein Gleichgewicht, sondern ein Prozeß, in dem sich Unternehmen in den Preisen zu unter- und in den Qualitäten zu überbieten suchen. Dabei ist zwischen Entwicklungs- und Anpassungswettbewerb zu unterscheiden.

Im *Entwicklungswettbewerb* bringt ein schöpferisches Unternehmen eine neue Warenart heraus und begründet damit einen neuen Markt oder es versieht eine bereits vorhandene Gutsart (z.B. das Auto) mit neuen Qualitäten. In beiden Fällen erzielt das schöpferische Unternehmen mehr oder minder große Unternehmensgewinne, bis im Zeitablauf Nachahmer auftreten, deren Wettbewerb den Preis zu den Grenzkosten tendieren läßt.

Der *Anpassungswettbewerb* hat in der Marktwirtschaft die volkswirtschaftliche Funktion, Mangel und Überfluß zu beseitigen. Deshalb liegen die Preise im ersten Fall oberhalb der (Grenz-)Kosten, so daß Unternehmergewinne entstehen, die zusätzliches Angebot anlocken, und im zweiten Fall unterhalb der Kosten, so daß Verluste entstehen, die das Angebot verringern.

Ohne Entwicklungswettbewerb sind neue und bessere Qualitäten eine Ausnahme und ohne Anpassungswettbewerb ist eine Volkswirtschaft steuerungslos.

IV. Im Entwicklungs- und Anpassungswettbewerb richten sich die Preise nicht nach den Kosten, sondern nach der Knappheit: Es treten Unterkosten- und Überkostenpreise auf

Eine Theorie, die sich auf die Analyse von Gleichgewichtslagen beschränkt, kommt zwangsläufig zu dem Ergebnis, daß die Kosten bzw. die Grenzkosten den Preis bestimmen. Im Gleichgewicht gibt es allerdings auch keine Unternehmen, die ihre Betriebe und Waren gestalten, Mangel und Vergeudung, die es im Gleichgewicht überhaupt nicht gibt, beseitigen, und durch Novitäten und Werbung ihren Absatz beeinflussen. Die Voraussetzungen des Gleichgewichts (gegebene Betriebe, gegebene Waren) werden in Marktwirtschaften jedoch durch die Unternehmen einerseits und die (mündigen) Haushalte andererseits aufgehoben. Die Unternehmen agieren in Entwicklungsprozessen, indem sie ihr qualitatives Angebot verbessern und vermehren, und sie handeln in Anpassungsprozessen, indem sie die angebotene Menge erhöhen, wenn der Preis am Markt über die Grenzkosten steigt, und die angebotene Menge senken, wenn der Preis am Markt die Kosten nicht mehr deckt. Gleichgewichtspreise haben lediglich die Funktion, das Gleichgewicht zu bewahren[11]. Anders verhält es sich mit den Knappheitspreisen, die in Marktwirtschaften mit der Kreation neuer Qualitäten entstehen resp. stets auftreten, wenn Angebot und Nachfrage auseinanderdriften. Sie erfüllen im Entwicklungswettbewerb die Funktion, durch neue Kapital- und Konsumgüter die volkswirtschaftliche Versorgung qualitativ und quantitativ zu verbessern und die Wirtschafter zur Wirtschaftlichkeit zu erziehen[12]. Sie üben in Anpassungsprozessen die Funktion aus, Mangel und Vergeudung zu überwinden und damit volkswirtschaftliche Störungen, wodurch sie auch immer entstehen, zu beseitigen.

Im Wettbewerb weichen die Preise stets dann von den Kosten ab, wenn sie volkswirtschaftliche Funktionen erfüllen. Sie weichen, wie im Fall der *Unterkostenpreise* nach unten von den Ko-

---

11 Es fragt sich allerdings, ob man dies sinnvoll noch als „Funktion" bezeichnen kann.

12 Rationales Verhalten ist dem Menschen nicht angeboren. Aber es wird den Wirtschaftern in Marktwirtschaften anerzogen.

sten ab, wenn ein Überfluß am Markt zu beseitigen ist oder wenn sich eine Innovation als Flop erweist. Hierdurch wird Vergeudung beseitigt. Die Preise weichen wie im Fall der *Überkostenpreise* nach oben ab, wenn ein Mangel am Markt auftritt oder die Kreation eines neuen Kapital- oder Konsumgutes Erfolg hat. Hierdurch entstehen Gewinne, die zu Erweiterungsinvestitionen bzw. zum Auftreten der Schumpeterschen Nachfrager anregen und die Preise wieder zu den Grenzkosten tendieren lassen. Der Entwicklungswettbewerb wird durch die mit Novitätsinvestitionen verbundenen Gewinnerwartungen ausgelöst.

Schöpferische Unternehmen treten nur auf, wenn der erwartete Gewinn das Risiko, das mit jeder Innovation verbunden ist, bei weitem übersteigt. Daimler und Benz investierten ihre Ideen, ihre Arbeit und ihr Kapital in den Bau des Autos, weil sie sich von dem neuen Fortbewegungsmittel hohe Unternehmergewinne erhofften. Mitunter geht diese Erwartung allerdings nicht oder erst beim folgenden Eigentümer des Unternehmens auf. Auch hierfür sind Daimler und Benz passende Beispiele.

Allerdings üben diese Funktionen nur Knappheitspreise aus, die im Entwicklungs- und Anpassungswettbewerb und damit in Marktwirtschaften auftreten. Vom Staat oder anderen Institutionen willkürlich festgesetzte Preise erfüllen diese Funktionen nicht. Knappheitspreise, welche Angebot und Nachfrage steuern, weil sie sich ausschließlich nach der Marktlage richten, gibt es nur, wenn und soweit freie Unternehmen und freie Verbraucher vorhanden sind. In Gleichgewichtslagen gibt es überhaupt keine Unternehmen, sondern nur Betriebe, die in vorgegebenen Anlagen vorgegebene Waren reproduzieren. In Gleichgewichtslagen gibt es auch keine freien Verbraucher, sondern nur Geschöpfe, die nach ihren angeborenen Instinkten reagieren und im übrigen nehmen, was sie kriegen. Dies ist grundsätzlich auch in Staatswirtschaften der Fall.

Die Funktion der Knappheitspreise zeigt sich besonders deutlich im *Handel*[13]. Seine primäre Aufgabe ist es, Waren aus Regionen, in denen sie reichlich vorhanden (oder beliebig reproduzier-

---

13 Die Autohäuser und Tankstellen werden zwar auch Händler genannt, sind aber in Wahrheit nur Verkaufsagenten, die einen vom Fabrikanten festgelegten Prozentsatz vom Preis erhalten.

bar) sind, in Gegenden zu bringen, wo sie fehlen. Gelingt dies einem Händler, so erzielt er Knappheitspreise, die hoch über den Reproduktionskosten bzw. über seinen Einkaufspreisen liegen. Der Handel übt damit zugleich eine volks- resp. weltwirtschaftliche Funktion aus, indem er nicht nur dafür sorgt, daß Käufer- und Verkäufermärkte verschwinden, sondern auch – was meist der Fall ist – kleinere Abweichungen vom Gleichgewicht mehr oder minder eliminiert werden[14]. Der Wohlstand wird erhöht, wenn Güter aus Ländern, wo sie im Überfluß erhältlich sind, in Länder gebracht werden, wo sie Mangelware sind. Wer allerdings wie Karl Marx mit Gleichgewichtspreisen operiert, verkennt zwangsläufig diesen Tatbestand.

Die Diskussion, ob es in Marktwirtschaften Unterkostenpreise gibt, ist ebenso überflüssig wie ein Kropf. Sie wird nur möglich, wenn man Wettbewerb mit einem Gleichgewicht verwechselt. Gäbe es in Marktwirtschaften keine Knappheitspreise, die Verluste verursachen, würden in Marktwirtschaften – wie in Staatswirtschaften – Vergeudungen und Fehlentwicklungen fortbestehen. Die Frage, welche Kostenpreise wettbewerbsadäquat sind, ist daher falsch gestellt. Gibt es im Wettbewerb Unterkostenpreise, die volkswirtschaftliche Funktionen erfüllen, so lassen sich auch Nullpreise einsetzen, um mit ihnen willkürliche Privatziele zu verfolgen, wenn der Staat derartiges nicht verbietet. Wer den wirtschaftlichen Einsatz von Macht bekämpfen will, muß richtigerweise fragen: *Wie unterscheiden sich Unterkostenpreise, die der privaten Willkür dienen, von Unterkostenpreisen, die in Marktwirtschaften volkswirtschaftliche Vergeudung beseitigen?*

In der Tat unterscheiden sich die Unterkostenpreise, die im Wettbewerb auftreten, von Unterkostenpreisen, die ein Mächtiger als Kampfmittel einsetzt, in zweierlei Hinsicht:

1. *objektiv:* Kampfpreise weichen von der am Markt bestehenden Knappheit ab,
2. *subjektiv:* Kampfpreise dienen zumindest längerfristig nicht der Gesellschaft. Sie verfolgen primär die Interessen des Mächtigen.

---

14 Da die in Gleichgewichtsmodellen unterstellte „vollkommene Markttransparenz" im realen Wirtschaftsleben *nicht* vorhanden ist, wird die Herstellung eines totalen Gleichgewichts die Ausnahme sein.

Je größer der Einfluß der Macht, desto mehr weichen Kampfpreise von den Knappheitspreisen ab.

Daß es gerade die Abweichung der Preise von den Kosten ist, auf denen die Funktionsfähigkeit der Marktwirtschaft beruht, wird selbst heute noch verkannt. Das gerade erschienene Buch von Jürgen Wuttke[15] ist ein gutes Beispiel für diesen Irrtum. Weder ist der „Wettbewerb mit Verlustpreisen ... grundsätzlich Nichtleistungswettbewerb"[16] noch ist die Leistung der Maßstab der Wettbewerbspreise. Verlustpreise sind im Wettbewerb stets dann der Fall, wenn das Angebot die Nachfrage übersteigt. Ebenso entscheidet im Wettbewerb nicht die Leistung, sondern die Knappheit über die Höhe der Preise. *Leistung ist nicht Maßstab, sondern Ergebnis des Wettbewerbs.* Die Frage, ob „die Preisgestaltung grundsätzlich auf einem günstigeren Einkaufs- bzw. Einstandspreis oder (auf einzelne Produkte umgerechnet) geringeren Gemeinkosten beruhen muß"[17], ist nur in einer Staatswirtschaft wie der des NS-Staates relevant; in einer Marktwirtschaft, in der die Knappheit regiert, ist sie fehl am Platz.

Zusammenfassung

Im Entwicklungs- und Anpassungswettbewerb richten sich die Preise nicht wie im Gleichgewicht nach den Kosten der Reproduktion, sondern nach der jeweiligen Knappheit am Markt. Entwicklungs- wie Anpassungswettbewerb gibt es nicht außerhalb von Zeit und Raum.

Preise, welche die Kosten nicht decken (Unterkostenpreise), treten sowohl im Wettbewerb als auch als Kampfmittel zur Beseitigung des Wettbewerbs auf.

Kampfpreise unterscheiden sich von Unterkostenpreisen, die im Wettbewerb auftreten, in zweierlei Hinsicht:

1. objektiv: Sie weichen von der am Markt bestehenden Knappheit ab.
2. subjektiv: Sie dienen langfristig nicht dem Gemeinwohl, sondern den egoistischen Interessen des Mächtigen.

---

15 Jürgen Wuttke, Sicherung des Leistungswettbewerbs ..., FIW-Schriftenreihe, 164, Köln 1995. Wuttke geht mit Böhm vom Gleichgewicht der sog. „vollkommenen Konkurrenz" aus, obwohl er auch andere Meinungen zitiert, ohne sie bei seiner Analyse des „Unterkostenpreises" zu berücksichtigen. Böhm ist auch Vater des Kartellgesetzes, das ebenfalls den Wettbewerb als Gleichgewicht definierte.

16 a.a.O., S. 117.

17 ebenda.

V. Wirtschaftliche Entwicklung setzt voraus, daß die Unternehmen die Aktualität des Ertragsgesetzes und die privaten Haushalte die Aktualität der Gossenschen Gesetze aufheben

Neue Güter und leistungsfähigere Betriebe entstehen nur, wenn und soweit die Annahme gegebener Technik entfällt, und neue Bedürfnisse treten nur auf, wenn man die Annahme preisgibt, daß Bedürfnisstrukturen – wie überhaupt der Bedarf – a priori und damit unabänderlich vorhanden ist.

Sind Betriebe und Waren gegeben, wie das Ertragsgesetz unterstellt, so ist die Kreation von neuen Kapital- und Konsumgütern nicht möglich. Sind die Bedürfnisse konstant, wie die Gossenschen Gesetze voraussetzen, so ist unmöglich, daß bei den privaten Haushalten neue Bedürfnisse und damit zusätzlicher Bedarf entsteht. Die quantitative und qualitative Entwicklung des Sozialproduktes, die in Marktwirtschaften zu beobachten ist (und ohne die es weder Computer noch Roboter geben würde), wäre damit ausgeschlossen. Tatsächlich hat sie jedoch stattgefunden.

Diese Feststellung bedeutet freilich nicht, daß das Ertragsgesetz oder die Gossenschen Gesetze in Marktwirtschaften bedeutungslos sind. Sie gelten vielmehr überall dort, wo die Entwicklung stockt, also keine Entwicklung stattfindet. An Märkten, wie zur Zeit dem Auto- oder Flugzeugmarkt, wird dies eine Ausnahme sein. In Gewerben hingegen, die sich auf die Reproduktion beliebig herstellbarer Güter wie Erze, Kohle, Eisen und Stahl oder Milch beschränken, sind Produktions- und Qualitätsänderungen selten. Aber sie gibt es auch hier, wie die Herstellung von Edelstahl oder das Angebot von H-Milch zeigen, die erst seit wenigen Jahrzehnten auf dem Markt ist.

Trotzdem ist nicht zu verkennen, daß die entscheidenden Unternehmerleistungen in der immer wiederkehrenden Außerkraftsetzung des Ertragsgesetzes und die entscheidenden Aufgaben der Verbraucher in der Entwicklung neuen Bedarfs bestehen, was nur durch Außerkraftsetzung der Gossenschen Gesetze möglich ist. Im 18. Jahrhundert hatten weder die Haushalte noch die Betriebe einen Bedarf an Kraftfahrzeugen entwickelt. Das Auto gab es damals überhaupt noch nicht. In einer Naturwissenschaft wie der

Astronomie sind Änderungen die Ausnahme. In der Wirtschaft, welche die Ökonomen untersuchen, sind sie die Regel.

Die *„langfristigen Kostenkurven"*, die Betriebsoptima bei unterschiedlicher Technik zeigen, sind kein Ausweg. Erstens gibt es diese „Kurven" nur, wenn die Gültigkeit des Ertragsgesetzes durch den Einsatz neuer Kapitalgüter aufgehoben ist, zweitens zeigen sie nicht die Qualitätsänderungen in den Kapitalgütern, die den verschiedenen Betriebsoptima zugrunde liegen. Und drittens übergehen sie die Qualitätsänderungen, die inzwischen bei den Konsumgütern aufgetreten sind. Man kann sicherlich die Zahl der Autos, die 1910 und 1990 produziert wurden, miteinander vergleichen, muß sich aber darüber im klaren sein, daß nicht nur die Qualitäten eines Autos von 1910 und 1990 verschieden waren, sondern daß sie auch mit ganz anderen Qualitäten von Kapitalgütern hergestellt wurden. *Ohne neue Qualitäten von Kapitalgütern gibt es kein Produktivitätswachstum und ohne neue Qualitäten von Konsumgütern gibt es keine Produktentwicklung im Konsumbereich. Die langfristigen Kostenkurven zeigen weder das eine noch das andere.*

Zusammenfassung

Im Entwicklungswettbewerb heben Unternehmen die Aktualität des Ertragsgesetzes und private Haushalte die Aktualität der Gossenschen Gesetze auf.

Allein weil Unternehmen die Voraussetzungen des Ertragsgesetzes außer Kraft setzen, sind sie in der Lage, das Warenangebot durch *neue* Güterarten und durch *neue* Gutsqualitäten zu bereichern.

Allein weil die Haushalte die Voraussetzungen der Gossenschen Gesetze aufheben, sind sie in der Lage, neue Bedürfnisse und damit *neuen Bedarf* zu entwickeln, den ihre Vorfahren überhaupt noch nicht gekannt haben.

VI. Der Mehrwert, der durch die wirtschaftliche Entwicklung entsteht, wird durch die Entwicklungsinvestitionen hervorgerufen und durch die Bedarfsentwicklung erhalten – Wachstum und Entwicklung sind verschiedene Tatbestände

Der Mehrwert entsteht nicht, wie W. Thompson und der junge Marx[18] vermuteten, durch die Arbeit, sondern durch die Entwicklungsinvestitionen der schöpferischen Unternehmen, wie bereits Joseph A. Schumpeter[19] nachgewiesen hat. Er bleibt jedoch nur erhalten, wenn die privaten Haushalte ihre quantitative und qualitative Nachfrage in gleichem Umfang steigern, wie sich in der wirtschaftlichen Entwicklung das quantitative und qualitative Angebot entfaltet. Geschieht dies nicht, weil infolge des Verbots von Gewerksvereinen der Lohn der unqualifizierten Arbeiter beim Existenzminimum verharrt, so fehlt es immer wieder an effektiver Nachfrage und es entstehen jene wiederkehrende Krisen, in denen Firmen ruiniert und Arbeiter freigesetzt werden. Die „Konjunkturwellen" des 19. Jahrhunderts waren kein Naturereignis, sondern Folge einer einseitigen und ungerechten Verteilung des Sozialprodukts. Erhalten die Arbeiter umgekehrt mehr, als ihnen nach dem Stand der Produktivitätsentwicklung zusteht, so werden zunehmend Arbeitsplätze unrentabel. Es entsteht *andauernde Arbeitslosigkeit,* weil und soweit das Angebot an Arbeit zu teuer geworden ist. Der Entwicklung vorauseilende Lohnerhöhungen haben überdies zwei Wirkungen, die sich ebenfalls negativ auf die Nachfrage nach Arbeit auswirken:

---

18 Karl Marx hat zwar wie William Thompson erkannt, daß in Marktwirtschaften „Mehrwert" entsteht, da er aber wie dieser glaubte, daß allein die Arbeit produktiv ist, verkennt er, daß der Mehrwert durch *Entwicklungsinvestitionen der Unternehmen geschaffen* und von den Haushalten durch die *Kreation neuer Bedürfnisse erhalten* wird.

19 Der Begriff Arbeitsproduktivität bedeutet daher nicht, daß die Arbeit Ursache der Produktivitätssteigerung ist, sondern lediglich, daß die Arbeit als *Maßstab* für das Produktivitätswachstum verwendet wird.

1. die Vorwegnahme von Rationalisierungsmaßnahmen, die ohne den übermäßigen Lohnanstieg erst zu einem späteren Zeitpunkt vorgenommen worden wären, und
2. die Zurückstellung von Novitätsinvestitionen insbesondere im Konsumgütersektor, so daß die Entwicklung des Angebots an neuen Verbrauchsgütern zu Gunsten von Rationalisierungsinvestitionen gebremst wird.

Beide Wirkungen haben negative Folgen auf die Beschäftigung. Die Vorwegnahme von Rationalisierungen spart zusätzliche Arbeitsplätze ein. Die Abnahme der Novitätsinvestitionen im Konsumsektor dämpft die Entwicklung der Nachfrage nach Novitäten und Arbeit. Beides wirkt sich auf den Arbeitsmarkt negativ aus.

Damit ergibt sich eine erste Grundvoraussetzung für das Bestehen von Vollbeschäftigung bzw. für die Vermeidung von Arbeitslosigkeit in Marktwirtschaften: Der in der wirtschaftlichen Entwicklung entstehende Mehrwert muß zwischen selbständigem Unternehmen und Arbeitern, Angestellten und Beamten gleichmäßig und damit sachgerecht verteilt werden – und zwar ohne Rücksicht darauf, wer für die Entstehung des Mehrwerts verantwortlich ist. Voraussetzung hierfür ist, daß der Staat Vorsorge dafür trifft, daß die Sozialpartner gleich mächtig sind. Dies ist nur der Fall, wenn die Kampfmittel, die den Gewerkschaften und den Unternehmen vom Staat erlaubt werden, gleichwertig sind. Außerdem sollte sich der Staat vorbehalten, zur Abwendung von Schäden, welche die gesamte Volkswirtschaft treffen, selber eingreifen zu können, z.B. durch Bestellung eines Schiedsgerichts, dessen Mitglieder die Bedeutung von Anpassung und Entwicklung für die Nachfrage nach Arbeit bekannt ist. Da von der Gestaltung der Lohnkosten die Zukunft der gesamten Volkswirtschaft und nicht zuletzt die Überwindung der Massenarbeitslosigkeit abhängt, kann die Festsetzung der Reallöhne nicht allein den Tarifpartnern und die Bemessung der Lohnnebenkosten nicht primär dem Sozialminister überlassen werden.

Entscheidend am marktwirtschaftlichen Phänomen des Mehrwerts ist zum einen, daß er kein einmaliges Phänomen ist, sondern sich immer wiederholt, solange die Marktwirtschaft besteht, auch wenn er in unterschiedlichen Abständen und divergierender Höhe wiederkehrt und in Krisenzeiten sogar negativ sein kann. Entscheidend ist zum anderen, daß der Mehrwert nicht bloßem

Wachstum entstammt, das lediglich Folge rein quantitativer Erweiterungsinvestitionen ist, wobei das Sozialprodukt vornehmlich nur durch Bevölkerungsvermehrung oder Zunahme des Exports steigt. *Mehrwert ist vielmehr das Ergebnis wirtschaftlicher Entwicklung, die dank der Novitäts- und den diesen folgenden Rationalisierungsinvestitionen Angebot und Nachfrage quantitativ und qualitativ verändert*, und nicht nur das Sozialprodukt, sondern auch das Pro-Kopf-Einkommen vermehrt. *Entgegen dem heute bei Ökonomen noch üblichen Sprachgebrauch ist zwischen dem quantitativen Wachstum und der qualitativen Entwicklung* zu unterscheiden. Wachstum erhöht das Sozialprodukt infolge von Erweiterungsinvestitionen. Die wirtschaftliche *Entwicklung vermehrt das Pro-Kopf-Einkommen und steigert quantitativ und qualitativ den Pro-Kopf-Verbrauch.* So hat sich das durchschnittliche Realeinkommen pro Kopf der Bevölkerung der Bundesrepublik in den zwanzig Jahren von 1950 bis 1969 mehr als verdreifacht. Es ist von 100 Prozent im Jahr 1950 auf 366,9 Prozent im Jahr 1969 gestiegen, wie ich bereits in meinem Lehrbuch der Wirtschaftsentwicklung gezeigt habe. Die Zahlen von 1970 bis 1989 dürften eine ähnliche Progression aufweisen. Diese Vervielfältigung des Pro-Kopf-Einkommens ist durch quantitative Erweiterungsinvestitionen nicht erklärbar. Diese können zwar das Sozialprodukt in toto vermehren, aber sie reichen nicht aus, um das Einkommen pro Kopf der Bevölkerung wachsen zu lassen. *Eine Vervielfachung des Pro-Kopf-Einkommens setzt eine Steigerung der Produktivität durch den Einsatz von immer leistungsfähigeren Qualitäten von Produktionsfaktoren voraus.* Was bisher vielfach fälschlich unter Wachstum begriffen worden ist, erweist sich damit in Wahrheit als Entwicklung, die in einem Modell, das nur mit den Variablen Preis und Menge operiert, überhaupt nicht beobachtet werden kann. Entwicklung, die Mehrwert produziert und das durchschnittliche Pro-Kopf-Einkommen im Ablauf der Zeit vervielfacht, ist nur durch laufende *Qualitätsänderungen der Produktionsfaktoren* möglich.

Zusammenfassung

In der wirtschaftlichen Entwicklung entsteht durch die Novitäts- und Rationalisierungsinvestitionen ein *Mehrwert* der Unternehmen, der durch die Kreation entsprechenden Bedarfs von den Haushalten erhalten wird. Neuerungen, die nicht gekauft werden, werden zu Flops. Rationalisierungen, die nicht von Novitäten begleitet werden, verursachen Arbeitslosigkeit. Nur wenn sich Angebot und Nachfrage in ihrer Entwicklung – quantitativ und qualitativ – ausgleichen, ist eine Voraussetzung für Vollbeschäftigung gegeben.

Lohnerhöhungen, die der wirtschaftlichen Entwicklung vorauseilen, verursachen durch ein Vorziehen von Rationalisierungsinvestitionen, die andernfalls erst später oder überhaupt nicht getätigt worden wären, Arbeitslosigkeit und verringern durch eine hiermit verbundene Zurückstellung von Novitätsinvestitionen Angebot und Nachfrage von Schumpeter-Gütern. Durch die Verlangsamung der Entwicklung entsteht Entwicklungsarbeitslosigkeit.

Entwicklung ist von Wachstum zu unterscheiden. *Wachstum* als Folge von Erweiterungsinvestitionen vermehrt das Sozialprodukt. Die wirtschaftliche *Entwicklung als Folge von Novitäts- und anschließenden Rationalisierungsinvestitionen* vervielfacht im Laufe der Zeit den Pro-Kopf-Wohlstand und zwar nicht nur quantitativ, sondern auch qualitativ.

VII. Die Entwicklungs- und Anpassungsprozesse der Marktwirtschaft werden durch Unternehmenspolitik und Verbraucherpolitik gestaltet

Im Gleichgewicht gibt es keine Politik. Im Gleichgewicht ist ein „Unternehmen" nicht in der Lage, mit Lieferfristen zu arbeiten oder vorübergehend auf Lager zu produzieren. Im Gleichgewicht kann ein „Unternehmen" weder Qualitätsverbesserungen vornehmen noch Werbung betreiben, um die Wertungen der Kunden zu beeinflussen. Ebenso ist es im Gleichgewicht einem Unternehmen nicht möglich, neue Kapitalgüter einzusetzen oder die betriebliche Organisation zu verändern, um Kosten zu sparen.

Im Gleichgewicht haben auch die Haushalte keine Möglichkeit der Gestaltung. Sie können Einkäufe weder zurückstellen noch vorverlegen. Sie können sich auch nicht zwischen alten und neuen Waren entscheiden. Neue Techniken, wie seinerzeit das Telefon und heute der Komputer, sind außerhalb ihrer Reichweite.

In der Realität gelten die Annahmen der Gleichgewichtstheorie indessen nicht. In Marktwirtschaften können daher die Unternehmen wie die Haushalte Politik betreiben, indem sie gestaltend eingreifen. In der Realität spielt nicht nur die Gegenwart, sondern auch die Zukunft eine Rolle.

1. Unternehmenspolitik

Im Entwicklungswettbewerb wird ein Unternehmen aktiv, indem es durch Qualitätsverbesserungen seine Absatzkurve nach rechts verschiebt. Hat das Unternehmen mit dieser Politik Erfolg, so kann es daher durchaus vorkommen, daß seine Kapazität nicht ausreicht, um zu Preisen, die nicht dem Absatz in der Zukunft schaden, die gesamte Nachfrage abzudecken. Setzt es nämlich den Preis zu hoch an, so muß es damit rechnen, bei Normalisierung der Marktlage Kunden an die Konkurrenz zu verlieren. Es wird daher, wie dies z.B. Daimler-Benz lange Zeit getan hat, mit Lieferfristen arbeiten. Die Grenz- und Stückkosten erreichen unter diesen Umständen die Absatzkurve V nicht. In Figur 1 endet die

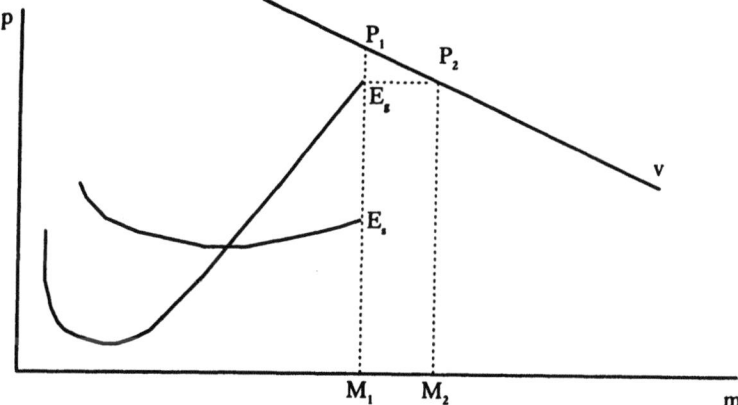

Fig. 1:   Lieferfristenpolitik

Grenzkostenkurve unserer Firma in E_g und die Stückkostenkurve in E_s. Das Unternehmen hat jetzt die Wahl, entweder den hohen Preis P_1 zu wählen und nicht mehr zu verkaufen, als es produziert. Wenn es durch eine derartige Politik in Zukunft Kunden verärgert, verschiebt sich seine künftige Absatzkurve nach links. Das Unternehmen kann sich aber auch für den Preis P_2 entscheiden, bei dem es weit mehr absetzt als produziert, so daß Lieferfristen entstehen. Selbstverständlich kann die Firma auch jeden Preis zwischen P_1 und P_2 wählen. Je näher es seinen Preis an P_1 rückt, desto niedriger wird allerdings sein Auftragspolster.

Daimler-Benz hat mit einer „Politik der Lieferfristen" zweierlei erreicht:

1. Die Firma hat hierdurch ihre Beschäftigung verstetigt: Ging der Absatz zurück, so konnte sie auf das Auftragspolster zurückgreifen.
2. Daimler Benz gewann durch diese Politik Kundenpräferenzen. Die Kunden schlossen aus dem Umstand, daß man auf einen Mercedes ein oder zwei Jahre warten muß, daß die Qualität dieser Automarke besonders gut ist.

Die gleiche Situation kann auch im Anpassungswettbewerb auftreten. Streiken z.b. die Hafenarbeiter in anderen Lieferländern, so kann die Nachfrage nach britischem Stahl so groß werden, daß die britische Stahlkapazität nicht ausreicht, um zu einem Preis, der (künftig) keine Kunden verprellt, gerade so viel Stahl zu verkaufen, daß sich Produktion und Absatz gerade ausgleichen. Auch in diesem Fall kann es langfristiger Unternehmenspolitik entsprechen, nicht den Spitzenpreis zu verlangen, sondern sich ein Auftragspolster für die Zukunft anzulegen. Es entsteht hier somit, wenn auch aus anderem Grunde, die gleiche Figur wie oben im Fall von Daimler-Benz. Die britischen Stahlproduzenten können jeweils zwischen P_1 und P_2 wählen. Im ersten Fall vergrätzen sie unter Umständen Kunden, die sie – nach Ende des Streiks – an Konkurrenten verlieren. Im zweiten Fall entscheiden sie sich langfristig für Beschäftigungspolitik.

Ist im Anpassungswettbewerb ein Überfluß zu beseitigen, so steht ein Unternehmen vor der Wahl, entweder auf Lager zu produzieren oder die Produktion teilweise oder ganz einzustellen. Es besitzt auch die Möglichkeit, durch Qualitätsverbesserungen oder durch Intensivierung der Werbung den Absatzrückgang aufzuhalten und seine Preise zu stabilisieren. Selbstverständlich gibt es noch zahlreiche andere Arten der Unternehmenspolitik. Für den Zweck dieser Untersuchung reicht der Nachweis aus, daß Unternehmen in der wirtschaftlichen Realität einen Spielraum für strategische Entscheidungen besitzen.

2. Verbraucherpolitik

Es ist nicht selbstverständlich, daß Haushalte ihren Verbrauch gestalten können. Die Sklaven im Altertum besaßen diese Freiheit nicht. Sie mußten essen, was ihnen vorgesetzt wurde, und Kleidung anziehen, die sie vorfanden. Der im Kapitalismus verelendete Arbeiter war zwar rechtlich frei, aber wirtschaftlich unfrei. Mit sinkendem Realeinkommen mußte er von superioren zu inferioren Lebensmitteln übergehen, um nicht zu verhungern. Noch zur Zeit, da Jevons, Menger und Walras die Grenznutzenlehre begründeten, war die überwiegende Mehrzahl der Menschen noch nicht frei. Als Gossen 1854 seine „Gesetze" entwickelte, war der Unterschied von *natürlichen* Bedürfnissen (Essen und Trinken) und *ökonomischen* Bedarf (Zahnpasta, Bücherregal) noch weitgehend verdeckt, zumal die modernen Konsumgüter der industriellen Massenproduktion überhaupt noch nicht auf dem Markt waren. Erst in der Marktwirtschaft dieses Jahrhunderts wurden die Arbeiter in Europa einkommensmäßig so gestellt, da sie die Freiheit erwarben, ihren Verbrauch zu gestalten und zwischen industriell hergestellten Konsumgütern ihre Wahl zu treffen.[20]

Der freie Mensch ist in der Lage, seine Ziele ebenso wie seine Bedürfnisse zu ändern. Er kann sich z.b. einen Fernseher oder ein Motorrad kaufen, oder das Geld für eine Urlaubsreise oder eine Heirat zurücklegen. Er kann den Kauf eines Autos oder eines Anzugs vorziehen oder auch zurückstellen und das alte Auto bzw. den alten Anzug noch eine Weile weiter benutzen. Er hat die Möglichkeit, im Lotto oder Toto zu wetten, er kann sich auch ein Bild kaufen oder statt dessen neue Bücher anschaffen. Von den Entscheidungen des freien Verbrauchers hängt ab, was produziert wird und was in Zukunft nicht mehr hergestellt wird.

Der Wohlstand, zu dem es alle in der Marktwirtschaft gebracht haben, die am Produktionsprozeß mitwirken, hat es möglich gemacht, daß heutzutage nicht nur die Selbständigen, sondern auch die Unselbständigen Verbraucherpolitik betreiben. Dies ist ein ungeheurer Erfolg, welcher der Marktwirtschaft zu verdanken ist. Die Wahlfreiheit vieler Menschen wird jedoch zunehmend durch die Arbeitslosigkeit gefährdet oder gar aufgehoben. Die Lö-

---

20 Dies gilt analog für landwirtschaftliche Produkte.

sung des Beschäftigungsproblems erweist sich damit als elementare Voraussetzung für die Erhaltung der Verbraucherfreiheit und für den Fortbestand der Marktwirtschaft.

Zusammenfassung

Im Gleichgewicht gibt es keinerlei Unternehmens- und Haushaltspolitik. Alles ist gegeben bzw. vorbestimmt.

Im Entwicklungs- und Anpassungswettbewerb betreiben die Unternehmen „Politik", indem sie ihre Betriebe und Waren gestalten, um ihre Ertragslage respektive ihren Absatz zu beeinflussen. Sie können mit Lieferfristen arbeiten oder vorübergehend auf Lager produzieren. Sie können auch zur Förderung ihres Absatzes die Qualität verbessern oder Werbung machen, um die Wertungen der Kunden zu Gunsten ihrer Waren zu beeinflussen. Durch diese und ähnliche Maßnahmen verschieben sie ihre Absatzkurve nach rechts. Da ihre Kapazität in der Realität einer Marktwirtschaft begrenzt ist, kann es dabei – wie jahrzehntelang bei Mercedes – vorkommen, daß sie zwischen zwei Extremen wählen können. Sie können einerseits den Preis so hoch bemessen, daß ihr Absatz gerade der Produktionsmenge bei voller Kapazitätsauslastung entspricht, aber umgekehrt auch den Preis so niedrig wählen, daß Lieferfristen entstehen. Selbstverständlich stehen ihnen auch alle Zwischenlösungen zwischen den beiden Extremen zur Wahl offen.

Die privaten Haushalte haben im Wettbewerb einmal die Möglichkeit, zwischen Gütern für den unmittelbaren Verbrauch (wie Essen und Trinken) oder langlebigen Gebrauchsgütern (wie Kühlschrank oder Fernsehgerät) zu wählen. Sie können auch den Erwerb eines Gebrauchsgutes (wie eines Autos) durch Kreditfinanzierung vorziehen, aber auch auf das nächste Jahr verschieben, weil der alte Wagen immer noch gebrauchsfähig ist. Eine derartige Politik setzt *Wahlfreiheit* voraus. Die verelendeten Arbeitnehmer des Kapitalismus besaßen diese Freiheit ebenso wenig wie die Sklaven der Antike. Erst die Marktwirtschaft und die ihr eigentümliche Entwicklung hat die Freiheit der Konsumwahl ermöglicht und die Sklaverei überflüssig gemacht: Maschinen arbeiten schneller und präziser als Sklaven.

VIII. Wettbewerb ist nicht allein durch die Menge der Marktteilnehmer bestimmbar. Neben der Quantität ist eine spezifische Qualität erforderlich, wenn der Wettbewerb nicht entarten soll: die Freiheit der Partnerwahl

Die herrschende Lehre unterscheidet das, was sie als Marktformen bezeichnet, allein nach der Menge der Marktteilnehmer: Einer = Monopol, Zwei = Dyopol, Mehrere = Oligopol und Viele = Konkurrenz. Die Qualität als Merkmal funktionierender Konkurrenz spielt bei ihr keine Rolle. Daran hat sich bis heute nichts geändert. Dies ist insofern überraschend, als die Federal Trade Commission der Vereinigten Staaten bereits 1939 – und damit vor fast 60 Jahren – feststellte, daß trotz der Existenz mehrerer Anbieter und vieler Nachfrager die amerikanischen Automobilhändler „vollständig abhängig von den Produzenten" waren. Die Automobilproduzenten waren infolgedessen in der Lage, ihnen die Bedingungen zu diktieren: Sie forderten z.b. den Erwerb veralteter Modelle, die Vergrößerung der Lagerhaltung, die Aufgabe des lukrativen Finanzierungsgeschäfts usw.[21] Während „vom Standpunkt der Automobilproduzenten ... jeder einzelne Händler austauschbar" war, hatten die Händler die *Freiheit der Partnerwahl* verloren. Wurden sie gekündigt, gingen sie bankrott. Interessant ist, daß sich die Lage der Autohändler grundlegend änderte, als die USA ihre Hochschutzpolitik aufgab und europäische und japanische Hersteller ins Land drängten, die noch keine Vertriebssysteme hatten und nur allzu bereit waren, frei werdende Autohändler zu übernehmen.

Diese „Abhängigkeit" ist keine Spezialität des Automobilmarktes. Sie tritt überall auf, wo ein Unternehmen – wie eine Tankstelle oder ein Bierlokal – nur einen einzigen Lieferanten hat (auch wenn dieser mit anderen Anbietern konkurriert), oder wo ein Gläubiger sämtliche Schulden einer Firma aufgekauft hat und sie in einem Zeitpunkt präsentiert, wo das Unternehmen – z.B.

---

21 Federal Trade Commission, Report on Motor Vehicle Industry, Washington 1939, S. 181; siehe auch Heinrich Kronstein, John T. Miller Jr., Paul P. Dommer, Major American Antitrust Laws, Dobbs Ferry 1965

kurz vor Beginn der Verkaufssaison – gerade illiquide ist, etc. Sie ist immer dann möglich, wenn ein Wirtschafter nicht mehr zwischen seinen Anbietern oder seinen Nachfragern frei wählen kann, sondern aus irgendeinem Grunde auf diesen Anbieter oder Nachfrager angewiesen ist[22] (obschon kein Monopol besteht).

Das gleiche Phänomen läßt sich auch an *Arbeitsmärkten* beobachten. Wenn wie z.B. in der Ära des Kapitalismus zwar hunderte von Arbeitgebern in London oder Berlin Arbeit nachfragen, aber die Arbeiter infolge des staatlichen Verbots von Gewerkschaften und durch das Fehlen jeglichen Kündigungsschutzes die „Freiheit der Partnerwahl" verloren haben, werden Arbeiter zu einem willenlosen Ausbeutungsobjekt. Sie sind zwar, wie schon Marx feststellt, keine Sklaven, weil sie rechtlich frei sind, aber sie haben ihre *wirtschaftliche Freiheit verloren.*[23] Während damals ein Fabrikant, der hunderte von Arbeitern beschäftigte, ohne jede Schwierigkeit auf den einen oder anderen Arbeiter verzichten kann, zumal er jederzeit Ersatz findet, ist der Arbeiter, der von einem Tag zum anderen auf die Straße gesetzt wird, bei Fehlen von Ersparnissen in seiner Existenz bedroht. Verantwortlich für diese Wettbewerbsentartung, ist nicht der betroffene Arbeiter, sondern der Staat, der dem Arbeiter jeglichen Schutz versagt, zumal damals Ökonomen wie Ricardo die Ausbeutung der Arbeiter für ein Naturphänomen hielten.

Um Ausbeutung zu verhindern, reicht es daher nicht aus, daß viele Wirtschafter miteinander konkurrieren. Das Phänomen der Ausbeutung verschwindet erst, wenn jeder Marktteilnehmer die *Freiheit der Partnerwahl* besitzt, d.h. wenn ein Marktteilnehmer von einem Partner, der ihm nicht paßt, ohne Schwierigkeit zu ei-

---

22 Die von Schmidtchen in seinem Besprechungsaufsatz „Unternehmertum, Wettbewerb und Evolution: Anmerkungen zu Helmut Arndts Theorie der Wirtschaftsentwicklung" (Jb f. Nö u. ST 214/5, 1995) gestellte Frage, ob nicht die Abhängigen an ihrem Schicksal „schuld" sind, ist selbst dann wenn dies zutrifft, ökonomisch nicht relevant. Entscheidend sind ökonomisch a) die negativen Folgen für die Menschen und b) die auf die Funktionsfähigkeit der Marktwirtschaft ausgehenden Wirkungen.

23 Marx gehört zu den wenigen Ökonomen, die das Phänomen der Ausbeutung rechtlich selbständiger Wirtschafter behandelt, wie Adam Smith einer der wenigen Ökonomen ist, der die Institution der Sklaverei erwähnt. Im reinen Gleichgewichtszustand gibt es diese Problematik nicht.

nem anderen Partner wechseln kann. Auch im Wettbewerb kommt es nicht nur auf die Quantität, sondern auf *Qualität* an. Die Quantität der Marktteilnehmer reicht nicht aus, wenn es an der Entscheidungsfreiheit fehlt.

Zusammenfassung

Die Theorie unterscheidet bislang die Marktformen nach der Zahl der Teilnehmer: Einer = Monopol, Zwei = Dyopol, Mehrere = Oligopol, Viele = Konkurrenz. Selbst wenn man davon absieht, daß Monopole nicht von Natur gegeben sind, sondern errichtet und verteidigt werden müssen, auch Dyopole und Oligopole Kämpfe auszutragen pflegen, endlich der Wettbewerb kein Gleichgewicht, sondern ein Prozeß ist, reicht die Zahl oder *Menge* der Marktteilnehmer zur Bestimmung des Wettbewerbs nicht aus. Selbst wenn viele miteinander konkurrieren, kann ein Nachfrager von einem Anbieter oder ein Anbieter von einem Nachfrager derart abhängig sein, daß er dessen Anweisungen zu folgen hat. Dies ist bei Warenmärkten der Fall, wenn ein Kunde fällige Wechsel seines Anbieters besitzt, die dieser im Augenblick nicht bezahlen kann, oder wenn ein Wirtshaus seine Brauerei nicht kurzfristig wechseln kann, weil diese sein Lokal mit Tischen, Stühlen u.dgl. ausgestattet hat. Obwohl sich hier unverändert viele Anbieter und Nachfrager gegenüberstehen, hat im ersten Fall der Anbieter und im zweiten Fall der Nachfrager die *Freiheit der Partnerwahl* verloren.

Am Arbeitsmarkt war dies Phänomen der Unfreiheit in der Ära des Kapitalismus zu beobachten, als der Staat durch sein Koalitionsverbot und durch das Fehlen jeglichen Rechtschutzes die Arbeitnehmer der *Willkür ihrer Arbeitgeber hilflos* ausgeliefert hatte.

IX. In Volkswirtschaften, die sich in Zeit und Raum anpassen und entwickeln, bleiben ökonomische Wertungen nicht konstant

Im Gleichgewicht sind Wertungen konstant. Um dies festzustellen, hätte es nicht des Umwegs über die Grenznutzenlehre bedurft. In realen Marktwirtschaften hingegen, die sich in Zeit und Raum vollziehen (und die Meinungsbildung frei ist), sind *ökonomische* Wertungen variable Größen, wie schon von Wieser gelehrt hat, auch wenn er dieser Erkenntnis keine Bedeutung für die Theorie beimaß.

Zunächst ist zu beachten, daß in einer Wirtschaft der Genuß ebenso wenig allein bestimmt, was wir kaufen, wie das Arbeitsleid nicht allein darüber entscheidet, was und wie lange ein Mensch im Wirtschaftsleben arbeitet. *Genuß wie Arbeitsleid werden in einer Volkswirtschaft ökonomisch gewichtet.* Wer sich ökonomisch verhält, kauft nicht ohne jede weitere Überlegung, was ihm gefällt, sondern achtet auf den Preis und stellt Preis- und Qualitätsvergleiche an. Er kauft nicht den Wagen, der ihm den meisten Genuß verspricht, sondern erwirbt das Auto, das er sich unter den gegebenen wirtschaftlichen Umständen leisten kann. Er richtet sich nach seinem Geldbeutel. Ebenso machen wir im Arbeitsleben nicht, was uns weniger Leid respektive mehr Vergnügen macht, sondern wir suchen uns einen Beruf, in dem wir genug für unseren Lebensunterhalt verdienen. *Ökonomische Wertungen* stimmen infolgedessen nicht mit natürlichen Wertschätzungen überein. Es gibt verschiedene *Ursachen für Veränderungen ökonomischer Bewertungen,* von denen hier einige aufgezählt werden.

Jede neue Ware, die mit herkömmlichen Waren in Konkurrenz tritt, ändert zwangsläufig ökonomische Wertvorstellungen. Schwarzweiß- Fernseher werden weniger gefragt, wenn Farbfernseher erhältlich sind. und wenn Ford ein neues Automodell auf den Markt bringt, sind im allgemeinen die noch nicht verkauften Exemplare der alten Serie weniger wert. Sie lassen sich nur mit einem entsprechenden Preisnachlaß verkaufen, sofern sie überhaupt noch Käufer finden. Der ferner zwischen momentanem Genuß und zukünftiger Bedarfsdeckung zu unterscheiden ist, worauf schon Böhm-Bawerk hinwies, ändern sich ökonomische Wertungen auch mit der Zielsetzung, die ein Mensch verfolgt. Jemand, der heiraten will oder geheiratet hat, besitzt andere Wertvorstellungen als ein Junggeselle, der in den Tag hineinlebt.

Die ökonomische Bewertung einer Ware kann sich auch mit steigenden oder sinkenden Einkommen ändern, wie die *Lehre von der Einkommenselastizität* gezeigt hat. Bei steigenden Realeinkommen wird mehr Fleisch und weniger Brot und bei sinkenden Realeinkommen wird weniger Fleisch und mehr Brot erworben. Geometrisch läßt sich diese (*ökonomische*) Umwertung durch eine Verschiebung der Nachfragekurve darstellen, wie v. Stackelberg u.a. gezeigt haben.[24]

---

24 Vgl. Heinrich von Stackelberg, Grundlagen der theoretischen Volkswirtschaftslehre, Bern 1948, S. 156ff. und S. 167.

Bei steigenden Realeinkommen verschiebt sich die Nachfragekurve für superiore Güter nach rechts und die Nachfragekurve für inferiore Güter nach links. Es werden bei einem Anstieg der Realeinkommen mehr Fleisch und weniger Kartoffeln gekauft. Sinkt umgekehrt das Realeinkommen, so wird weniger vom superioren Gut (Fleisch) und mehr von dem inferioren Gut (Kartoffeln) nachgefragt (Figur 2 und 3). Nicht die natürliche Wertschätzung, sondern die *ökonomische* Bewertung hat sich geändert.

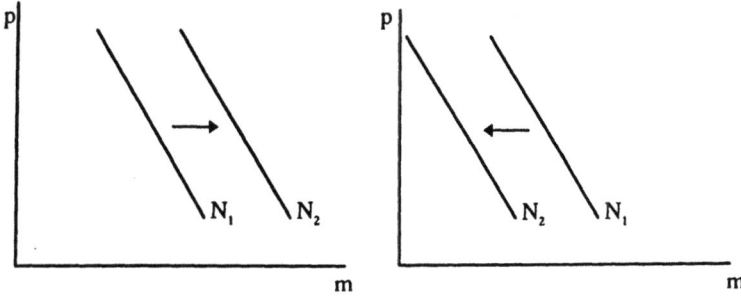

Fig. 2: Rechtsverschiebung der Nachfragekurve des inferioren Guts

Fig. 3: Linksverschiebung der Nachfragekurve des superioren Guts

Umwertung bei einem Absinken des Realeinkommens

Sicher: Der Genuß von Fleisch ist größer als der *Genuß* von Kartoffeln, aber der *Kauf* von Fleisch oder Kartoffeln hängt ebenso wie der Kauf eines neuen oder alten Autos von der *ökonomischen* Situation ab.

Die ökonomischen Wertungen bleiben auch nicht unberührt von der Marktform, die jeweils realisiert ist. Ein Nachfrager, der zwischen verschiedenen Anbietern am gleichen Markt frei wählen kann, bewertet die gleichen Einheiten einer Ware anders als ein Anfrager, der sich einem Monopol gegenübersieht. Denn dieser muß feststellen, daß das Monopol zwar nicht auf ihn, er aber auf das Monopol angewiesen ist. Wenn der Staat ihm nicht hilft, bleibt ihm nichts anderes übrig, als die gleiche Ware höher als bisher einzustufen, wenn das Monopol es wünscht. Umgekehrt wird ein Monopol seine Leistungen höher bewerten, wenn es feststellt, daß seine Kunden mehr dafür bezahlen. Weil die Marktformenlehre dies verkennt und bei Monopol, Monopson und Konkurrenz einfach die gleichen Kurven unterstellt, kommt sie zu irrationalen Ergebnissen. Sie lehrt, daß ein Monopol weniger erwirbt und ein Monopson weniger absetzt, als dies im Fall der „Konkurrenz" gegeben sein würde. Warum soll jedoch ein Fabrikant seinen Absatz einschränken, wenn er bei seinen Abnehmern höhere Preise durchsetzen kann? Ist es wirklich sinnvoll, Maschinen stillzulegen, Arbeiter zu entlassen und den Absatz zu drosseln, wenn man die Macht besitzt, seine Kunden zu höheren Preisen zu zwingen? – Und warum soll ein Nachfragermonopol (Monopson) von einer Ware weniger erwerben, wenn es sie billiger erhält? Weshalb soll ein Fabrikant, der Rohstoffe oder Halbfabrikate erwirbt, die er für die Erzeugung seiner eigenen Produkte braucht, seine Nachfrage reduzieren, wenn der Preis dieser Rohstoffe und Halbfabrikate sinkt? Das Ergebnis eines derart irrationalen Verhaltens würde sein, daß er auch die eigene Produktion einschränken müßte; mit sinkendem Umsatz würde sich sein Gewinn reduzieren und damit geringer ausfallen, als dies bei voller Ausnutzung seiner Kapazitäten der Fall wäre. Gleiches gilt für Handelsunternehmen. Soll sich ein Kaufhaus mit dem Erwerb einer kleineren Menge begnügen, wenn es respektive weil es die Ware billiger erhält? Schließlich kauft ein Kaufhaus ein, um wieder zu verkaufen und je billiger es einkauft, desto mehr kann es verkaufen und desto größer wird infolgedessen sein Umsatz und Gewinn. Die irrealen Ergebnisse sind die Folge davon, daß die Marktformenlehre bei Monopol und Konkurrenz die gleichen Kurven unterstellt. *Die Bewertungen von Menschen sind jedoch nicht unabhängig davon, ob sie Macht besitzen oder machtlos sind.*[25]

Die ökonomischen Wertungen eines Menschen ändern sich:

1. wenn Menschen ihre Ziele variieren, z.B. wenn sie von einer kurzfristigen Zielsetzung (momentaner Genuß) zu langfristigen Zielen (Erwerb eines Hauses oder Urlaubsreise) übergehen,

---

25 Vgl. Arndt, Explotacion y forma de mercado, R de Econ Y Estad (Argentinien) 1960; ders., Economic Theory VS. Economic Reality, East Lansing, Mich., USA 1984, S. 155.

2. wenn neue Qualitäten von Waren oder ganz neue Arten von Waren auf den Markt kommen,

3. wenn ein Wirtschafter Macht einsetzen kann, ändert er die Wertungen seiner Partner wie seine eigenen Wertungen,

4. wenn sich die Situation eines Menschen verändert, weil z.B. sein Realeinkommen steigt oder fällt, oder weil ein Wirtschafter seine Konkurrenten ausschaltet, um eine Monopolstellung zu erobern. Selbst die natürlichen Bedürfnisse eines Menschen variieren im Lauf eines Lebens. Ein kleines Kind bevorzugt Milch und ein alter Mann zieht Rotwein vor.

Wird ein Gut von einem Wirtschaftsobjekt höher bewertet als bisher, so schiebt sich seine Nachfragekurve an diesem Markt nach rechts. Bewertet umgekehrt ein Wirtschafter ein Gut geringer als zuvor, so verschiebt sich seine Nachfragekurve nach links.

Unsere Überlegungen stellen somit die Annahmen der Marktformenlehre zumindest in viererlei Hinsicht in Frage:

1. Wenn neue Warenarten auf den Markt kommen, versagt das Konzept der vorgegebenen Angebotskurven. Wenn ein neuer Markt entsteht, entwickelt sich erst das Angebot. Benz und Daimler haben in den Anfangsjahren nur alle paar Wochen einen Kraftwagen fertiggestellt. Ebenso ist zu Beginn eines neuen Marktes die Nachfragekurve der Marktformenlehre nicht vorhanden. Sie läßt sich erst dann als „gegeben" bezeichnen, wenn der Markt stagniert.

2. Die Annahme der Marktformenlehre, daß Monopole, Monopsone und Konkurrenten mit den gleichen Angebots- und Nachfragekurven arbeiten, ist ebenfalls unzutreffend. Konkurrenten sind machtlos, aber Monopole sind in der Lage, ihre eigenen Wertungen wie die ihrer Partner zu beeinflussen – und zwar auch dann, wenn sie nur die Preise und nicht auch die Mengen vorschreiben.[26]

3. Wenn ein Wirtschafter seine Konkurrenten niederringt, um sich ein Monopol zu verschaffen, besteht kein Gleichgewicht.

---

26 Ragnar Frisch behandelt zwar in seinem Optionsfixierer den Fall, daß ein Wirtschafter seinem Partner Preise und Menge vorschreibt, unterstellt aber ein gegebenes Kurvensystem, so daß lediglich statt einer gegebenen Kurve eine andere aktuell wird. Umwertungen i.e.S. kennt auch Frisch nicht.

Dieser *Kampf* liegt außerhalb einer Gleichgewichtstheorie, zumal sich in diesem Kampf die ökonomischen Wertungen ändern.

4. Endlich kann die Marktformenlehre Anpassungs- und Entwicklungswettbewerb nicht erfassen, weil sich jede Art von Wettbewerb in Zeit und Raum vollzieht und von quantitativen sowie qualitativen Änderungen, aber auch von Umwertungen begleitet ist.

Zusammenfassung

In einem zeit- und raumlosen Gleichgewicht, in dem es nur Preis und Menge, aber keinerlei Qualitäten gibt, sind auch Wertungen unabänderlich.

Im Entwicklungs- und Anpassungswettbewerb, der sich in Raum und Zeit vollzieht und nicht nur Preise und Mengen, sondern auch Qualitäten verändert, sind ökonomische Bewertungen variable Größen.

Ökonomische Wertungen verändern sich, wenn Menschen ihre Ziele variieren, sich z.B. zum Hausbau oder zur Eheschließung entscheiden; wenn sich das Warenangebot ändert, weil z.B. Schumpeter-Güter neu auf die Märkte kommen und herkömmliche Waren wie Schwarzweiß-Fernseher uninteressant werden lassen; wenn die Realeinkommen sinken oder steigen, wie schon die Lehre von der Einkommenselastizität gezeigt hat, oder wenn sich die Machtverteilung ändert, also z.B. Menschen wirtschaftlich unfrei oder gar zu Sklaven werden.

Die *ökonomischen Wertungen* sind mit den natürlichen Wertschätzungen nicht identisch. Ökonomische Wertungen hängen nicht nur vom Genuß, sondern auch vom Geldbeutel ab sowie von der ökonomischen Situation, in der sich ein Wirtschafter befindet.

X. Ricardos Theorie der komparativen Kosten ist weder im Entwicklungs- noch im Anpassungswettbewerb relevant

Ricardos Wirtschaftstheorie ist eine Gleichgewichtstheorie. Im Außen- wie im Binnenhandel sind jedoch Gleichgewichtspreise eine Ausnahme.

Ricardos Theorie der komparativen Kosten lehrt, daß es im Außenhandel nicht auf die absolute Zahl der Arbeitsstunden, sondern auf ihre Relation ankommt. Sein Beispiel, wonach England zur Herstellung jeder Ware mehr Stunden braucht als das damals rückständige Portugal, es aber trotzdem für beide Länder vorteilhaft sei, miteinander Handel zu treiben, wenn sie den komparativen Vorteil ausnutzen, ist berühmt. Seine Theorie der komparativen Kosten findet sich auch heute noch in einschlägigen Lehrbüchern. Trotzdem ergeben sich vier Fragen:

1. Werden Waren zu *Gleichgewichtspreisen* gehandelt?
2. Laufen nicht auch an internationalen Märkten Anpassungsprozesse ab, in denen die Händler ihre Preise nicht nach den Kosten der Herstellung, sondern nach der Knappheit am Markt richten?
3. Werden von Industrienationen wie USA oder Deutschland nur „beliebig reproduzierbare Güter" exportiert oder spielen bei ihren Ausfuhren nicht *Novitäten,* die nach ihrer Knappheit bezahlt werden, eine große, wenn nicht sogar eine größere Rolle?
4. Sind Reproduktionskosten allein mit Hilfe von Arbeitsstunden errechenbar, wenn die *Lohnkosten* (Reallöhne, Sozialbeiträge etc.) in den beteiligten Ländern unterschiedlich sind?

1.   Werden Waren zu Gleichgewichtspreisen gehandelt?

Nach Ricardo[27] erhöht der Handel den Kostenpreis eines Gutes lediglich um die Versandkosten und den Zins für den Kapitalaufwand des Kaufmanns. Aber werden Waren im Handel schlechthin zu den Reproduktionskosten verkauft, wenn man von Autohäusern, Tankstellen und anderen Agenten einmal absieht, die nur einen festen Aufschlag zum Fabrikpreis erhalten? – Der freie Handel – und damit der Handel im engeren Sinn – verfolgt die Strategie, Güter aus einer Gegend, in der sie preiswert sind, in Regionen zu verkaufen, wo man mehr für sie erhält. Einige extreme Beispiele illustrieren den Unterschied von Gleichgewichts- und Knappheitspreisen. Als Zigaretten nach dem Zweiten Weltkrieg in Deutschland Mangelware waren, haben amerikanische Soldaten für eine einzelne Zigarette, die in PX-Shops der US-Army für

---

27 David Ricardo, Grundsätze der Volkswirtschaft und Besteuerung, 3. Auflage 1821 (zitiert nach der Übersetzung von H. Waentig, Jena 1922), XIX. Kap., Fußnote. Ricardo polemisiert gegen J.B. Say „nach dem sich der Wert eines Gutes um die Preisdifferenz" erhöht. Wie Ricardo verkennt auch Marx die Wertschöpfung des Handels.

(umgerechnet) rd. 4 Pfennig erhältlich waren, nicht für 4 oder 5 Pfennig, sondern das Stück für DM 10,- verkauft. Nach Wiederherstellung der Marktwirtschaft stiegen die Eierpreise in Essen bis Weihnacht 1948 auf DM 6,- und mehr pro Stück. An den Reproduktionskosten von 6 bis 8 Pfennig hatte sich wenig verändert, aber infolge der Hamsterkäufe waren Eier im Ruhrgebiet zur Mangelware geworden. Abgesehen von diesen Extremfällen sind die Gewinnspannen erheblich geringer. Aber auch ein Kaufmann, der Spargel aus Beelitz in Berlin verkauft, erzielt Gewinn, wenn dort das Angebot an Beelitzer Spargel unzureichend ist. Er verkauft seinen Spargel ebenfalls nicht zu Gleichgewichtspreisen, sondern zum jeweiligen Knappheitspreis. Indem Händler das Ziel verfolgen, billig einzukaufen und an einem anderen Ort oder zu einer anderen Zeit teuer zu verkaufen, machen sie, soweit sie mit dieser Strategie Erfolg haben, spezifische Unternehmergewinne. *Normalerweise werden Handelsgeschäfte von Krediten begleitet.* Händler pflegen ihre Tauschaktionen durch Handelswechsel vorzufinanzieren, private Haushalte bezahlen langlebige Wirtschaftsgüter wie Autos oder Fernsehgeräte auf Raten und den Erwerb von Häusern durch Inanspruchnahme von Darlehen. *Der Handel wirkt sich somit auf die Entwicklung des Waren- und Geldkreislaufs positiv aus.* Er schafft nicht nur zusätzliche Werte, sondern in entsprechendem Umfang auch zusätzliche Einkommen. Damit ergibt sich zugleich: Nicht nur die Produktion, sondern auch der Handel, der Engpässe mildert oder überwindet, erhöht mit den Einkommen das Sozialprodukt.

2. Die Knappheitspreise im internationalen Anpassungswettbewerb

Wie im Binnenhandel werden auch im Außenhandel „beliebig reproduzierbare Waren" (Ricardo-Güter) nicht zu Gleichgewichtspreisen, sondern zu Ausgleichspreisen gehandelt, wenn es darauf ankommt. Und das ist stets der Fall, wenn Waren besonders knapp oder relativ reichlich vorhanden sind. Im ersten Fall sind die internationalen Preise so hoch, daß die Händler Gewinne erzielen, und im zweiten Fall so niedrig, daß sie Verluste erleiden. Besonders deutlich wird dies, wenn die Störungen von größerer Bedeutung sind, weil ein Krieg ausgebrochen ist oder wenn die

Hafenarbeiter in einem Teil der exportierenden Länder streiken. Obwohl die Reproduktionskosten für Öl bzw. Benzin praktisch unverändert geblieben sind, steigt der Preis auf das zwei- oder dreifache. Ebenso verhält es sich, um noch ein zweites Beispiel anzuführen, beim Stahl. Wenn die amerikanischen und englischen Hafenarbeiter streiken, sind französische oder spanische Automobilproduzenten bereit, vorübergehend den doppelten Preis für Stahl zu entrichten, weil eine gänzliche Stillegung ihrer Betriebe sie noch teurer zu stehen kommen würde. Bei größeren Störungen, wie sie durch lokale Kriege oder Streiks verursacht werden, werden die Ausschläge der Knappheitspreise besonders sichtbar. Die meisten Störungen sind jedoch so klein, daß die Preisausschläge von der Öffentlichkeit weniger beachtet werden. Tatsächlich entsteht durch jede quantitative und qualitative Änderung in Angebot oder Nachfrage anstelle des Gleichgewichts ein Anpassungsvorgang. Ein Blick auf die Entwicklung der Weltpreise für Zinn, Zink, Kupfer oder Stahl bestätigt dies ebenso wie ein Blick auf die Preisentwicklung von Kaffee, Tee oder Öl. Denn bei genauer Analyse zeigt sich, daß diese Preisschwankungen weit weniger durch Änderungen der Produktionskosten, als durch *Änderungen im Verhältnis von Angebot und Nachfrage und damit durch Schwankungen im Knappheitsgrad* verursacht werden. Im Binnen- wie im Außenhandel gibt es Käufer- und Verkäufermärkte. Sowohl im Binnen- wie im Außenhandel werden Waren normalerweise zu Knappheits- und damit zu Ausgleichspreisen verkauft.

Wie alle Händler verfolgen die Kaufleute im Außenhandel die *Strategie*, Güter, die in einem Land reichlich vorhanden sind, in Gegenden zu bringen, in denen sie weniger existent und im Grenzfall Mangelware sind. Und wie der Binnenhandel so wird auch der Außenhandel durch *Kreditschöpfung und damit durch eine Geldvermehrung* begleitet, weil die Importeure ihre Einkäufe zumindest während der Zeit, die der Transport in Anspruch nimmt, durch Handelswechsel vorfinanzieren. Je größer der Mangel im Importland, desto höher sind die Preise und Gewinne, welche die Händler erzielen.

Wichtig ist, daß die Händler mit ihren Lieferungen *volkswirtschaftliche Aufgaben* erfüllen. Durch ihre Lieferungen sinkt die Knappheit und damit der Knappheitspreis im Importland. Auf diese Weise nivelliert der Außenhandel die Intensität der Nachfrage in der Welt und trägt damit entscheidend zur Erhöhung des Weltwohlstandes bei. Damit ergibt sich: Der Außenhandel erhöht mit dem *Einkommen das Weltsozialprodukt und dank der Handelskredite zugleich die Geld- respektive Kreditversorgung in der Welt.*

3. Die Knappheitspreise von Novitäten

Im Welthandel moderner Industriestaaten sind herkömmliche (resp. beliebig reproduzierbare Waren) wie Erze, Eisen und Stahl mehr oder minder zur Ausnahme geworden. Entscheidend für den Export dieser Länder – und nicht zuletzt auch für die Gewinne aus dem Export – sind Güter geworden, die wie Autos, Flugzeuge, Computer, Roboter oder Fernsehgeräte laufend umgestaltet werden. *Selbst wenn die Warenart als solche nicht neu ist, sind doch in den neuen Modellen z.B. von Computern oder Robotern nicht nur Fabrikationsgeheimnisse, sondern auch durch Patente geschützte Teile enthalten.* Infolge der hieraus sich ergebenden Beschränkung ihrer Reproduzierbarkeit richten sich die Preise dieser Güter nicht oder wenigstens nicht primär nach ihren Kosten, sondern nach der Intensität der Nachfrage und damit nach der am Markt bestehenden Knappheit.

4. Selbst bei den Reproduktionskosten kommt es nicht allein auf die Zahl der Arbeitsstunden, sondern auch auf die Höhe der Arbeitskosten an

Ricardo unterstellt bei seiner Arbeitstheorie, daß der Lohn der Arbeitnehmer in allen Ländern um das (gesellschaftliche) Existenzminimum schwankt. Er konnte infolgedessen davon ausgehen, daß in der Lohnhöhe zwischen den am Außenhandel beteiligten Ländern keine nennenswerten Unterschiede bestehen. Dieser Sachverhalt trifft jedoch zumindest seit der Zulassung von Gewerkschaften und der staatlichen Tätigkeit im Sozialbereich nicht mehr zu. Infolgedessen ist es unzulässig, die in den einzelnen Ländern für die Herstellung einer Ware verwendeten Arbeitsstunden miteinander zu vergleichen, *ohne* sie mit den Unterschieden in den Arbeitskosten zu bewerten. Das folgende Beispiel illustriert diesen Sachverhalt. Wenn im Lande A 30 Stunden für die Herstellung einer Ware benötigt werden und im Lande B nur 10 Stunden, aber die Lohnkosten je Stunde im Lande A nur DM 4,– und im Lande B DM 40,– betragen, sind die Reproduktionskosten nicht im Lande B, sondern im Lande A niedriger. Im Land A betragen die Produktionskosten 30 x 4 = DM 120,– und im Land B 10 x 40 = DM 400,–. Die niedrigere Produktivität des Landes A wird durch noch niedrigere Lohnkosten überkompensiert. Die Preise und die Arbeitskosten werden zwar auch durch die Schwankungen der *Wechselkurse* beeinflußt, deren Höhe jedoch weder ausschließlich noch primär von den Salden im Außenhandel respektive der Konkurrenzfähigkeit abhängt. So beeinflussen z.b. Kapitalströme und insbesondere Fluchtkapital den Wechselkurs, so daß – wie seinerzeit im Fall der Schweiz – trotz passiver Bilanz der Wechselkurs ansteigen kann. Faktisch hängt die Höhe der Lohnkosten in Ländern wie der Bundesrepublik mehr noch als von der Entwicklung der Produktivität von der *Macht der Gewerkschaften und dem Ausmaß der staatlichen Sozialgesetzgebung ab.*[28]

Ricardos Theorie der komparativen Kosten läßt sich somit aus zwei Gründen nicht auf den Außenhandel von Marktwirtschaften anwenden:

1. Weil sich die Preise bei Anpassung und Entwicklung und damit im Wirtschaftsleben nicht nach den Reproduktionskosten, sondern nach der Intensität der Nachfrage und damit nach der am Markt bestehenden *Knappheit* richten und
2. weil sich selbst im Gleichgewicht die Höhe der Reproduktionskosten nicht allein aus der Anzahl der aufgewendeten *Arbeitsstunden* ergibt, sondern auch – und bisweilen weitaus stärker – *durch Macht oder Ohnmacht der Tarifpartner* und das *Ausmaß des staatlichen Sozialengagements* bestimmt werden.

Grundsätzlich läßt sich feststellen: Indem die klassische Theorie (wie später auch die Neoklassiker) das Gleichgewicht als Normalfall und Anpassung (und Entwicklung) als Ausnahme (oder über-

---

28 Vgl. hierzu S. 85ff., insbesondere S. 89ff.

haupt nicht) betrachtet, hat sie den Sachverhalt auf den Kopf gestellt. *In der Realität sind Anpassung und Entwicklung charakte-*
ristisch für eine Marktwirtschaft.

Zusammenfassung

Ricardos Theorie der komparativen Kosten besitzt keine Gültigkeit in einer aus
Marktwirtschaften bestehenden Welt. Im Entwicklungs- und Anpassungswettbewerb, der sich in einer Weltwirtschaft vollzieht, werden Waren nicht nach den
Kosten ihrer Reproduktion, sondern nach ihrer am Markt bestehenden Knappheit
bewertet.

Die Ungültigkeit der ricardianischen Theorie in einer sich in Zeit und Raum
vollziehenden Weltwirtschaft ergibt sich aus folgenden Gründen: 1. Schumpeter-
Güter haben, wenn sie neu herauskommen, noch keine Kostenkurven und werden dank des Patentschutzes u.dgl. ähnlich wie Seltenheitsgüter bewertet. 2.
Selbst die Preise von Ricardo- Gütern werden im Anpassungswettbewerb nach
ihrer jeweiligen Knappheit am Markt bezahlt. 3. Durch den Umstand, daß Waren
nicht innerhalb eines Landes, sondern zwischen zwei Ländern gehandelt werden,
ändert sich nichts an der Tatsache, daß Waren im Entwicklungs- und Anpassungswettbewerb nach dem jeweiligen Verhältnis von Angebot und Nachfrage
bewertet werden.

2. Kapitel
Beschäftigungsproblematik in der sich entwickelnden Marktwirtschaft

> Die Eigenheiten des von der klassischen Theorie vorausgesetzten Sonderfalles weichen überdies von denen unserer gegenwärtigen wirtschaftlichen Verhältnisse ab, und ihre Lehren werden daher irreführend und verhängnisvoll, wenn wir versuchen, sie auf die Tatsachen der Erfahrung zu übertragen.
>
> *John M. Keynes*

XI. Beschäftigungspolitisch ist wesentlich, daß es in Marktwirtschaften neben Ricardo-Gütern auch Schumpeter-Güter gibt, die primär nach ihrer Knappheit bezahlt werden

In Marktwirtschaften, in denen schöpferische Unternehmen Novitätsinvestitionen durchführen, sind stets zwei Arten von Gütern vorhanden:

1. Die herkömmlichen und beliebig reproduzierbaren Waren (*Ricardo-Güter*), deren Preise im Gleichgewicht durch die Grenzkosten bestimmt werden und auch in Anpassungsprozessen normalerweise nicht allzu sehr von den Kosten abweichen (Ausnahmen sind Mißernten, Kriege, Revolutionen und dergleichen. Für sie gelten die Ausführungen zu den Schumpeter-Gütern analog.)
2. Die *Schumpeter-Güter,* deren Reproduktion beschränkt ist und deren Preise sich daher primär nicht nach den Kosten, sondern nach der am Markt bestehenden Knappheit richten. Dies sind zwei grundlegend verschiedene Tatbestände, die beschäftigungstheoretisch unterschiedlich zu behandeln sind. Dabei ist

zu beachten, daß in sich entwickelnden Marktwirtschaften stets gleichzeitig beide Phänomene vorhanden sind.

1. Beschäftigungsproblematik von Ricardo-Gütern

Herkömmliche und beliebig reproduzierbare Waren, deren Preise durch die Kosten bestimmt sind oder normalerweise nicht allzu stark von den Kosten abweichen, werden am Weltmarkt unverkäuflich, soweit sie bei gleicher Qualität in einem Land teurer hergestellt werden als in anderen Ländern. Sie werden gleichzeitig auch im eigenen Lande durch Importe aus billigeren Ländern ersetzt, während einheimische Betriebe ins Ausland verlegt werden. Soweit die Produktion von Schumpeter- Gütern an die Stelle von Ricardo-Gütern tritt, ist dieser Vorgang unproblematisch. Ist dies nicht der Fall, entsteht Arbeitslosigkeit. Werden infolge der Höhe des nationalen Lohnniveaus Arbeitnehmer in zunehmendem Umfang freigesetzt, so sind die Lohnkosten zu überprüfen: Zum einen um eine weitere Abwanderung zu verhindern und zum anderen, weil eine Überhöhung der Lohnkosten Rationalisierungsmaßnahmen lukrativ macht, die ohne Überhöhung der Lohnkosten nicht sinnvoll wären und daher völlig unnötigerweise weitere Arbeitsplätze wegrasieren. Überhöhte Lohnkosten erweisen sich in diesem Fall als *Ursache von Massenarbeitslosigkeit.* In diesem Fall erhöht eine Herabsetzung der Lohnkosten die Beschäftigung – und zwar gleichgültig, ob diese Minderung der Reproduktionskosten durch eine Verringerung der Effektivlöhne oder durch eine Senkung der Lohnnebenkosten erfolgt. Selbst wenn die Reduzierung der Lohnkosten durch die Minderung der Löhne bewirkt wird, hat diese Maßnahme insofern *soziale Folgen,* als hierdurch Menschen, die bisher arbeitslos waren, wieder in den Produktionsprozeß eingegliedert werden. Es kann aber auch sein, daß die Lohnnebenkosten zu hoch geworden sind, weil das soziale Netz angehoben wurde, ohne daß der gesellschaftliche Mehrwert entsprechend gestiegen ist, oder weil die Voraussetzungen, aufgrund derer seinerzeit die Sozialleistungen berechnet worden sind, sich inzwischen grundlegend geändert haben. Dann erweist sich als zweckmäßig, dem Mißbrauch sozialer Leistungen stärker als bisher vorzubeugen und zumindest die Höhe der sozialen Leistungen einzufrieren, bis die Lohnnebenkosten volkswirtschaftlich wieder tragbar sind. Auch derartige Maßnahmen finden ihre Rechtfertigung in einer Zunahme der Beschäftigung.

Unter diesen Umständen wirkt sich eine Reduzierung der bei der Reproduktion von Ricardo-Gütern anfallenden Lohnkosten günstig auf den Arbeitsmarkt aus – und zwar aus vier Gründen:

1. Die Neigung zur überstürzten Rationalisierung sinkt: Durch Rationalisierungsinvestitionen werden künftig weniger Arbeitskräfte freigesetzt.
2. Mit dem Rückgang der Rationalisierungsinvestitionen werden Finanzierungsmittel für Novitätsinvestitionen frei, die durch Kreation neuer Konsumgüter die Güternachfrage und damit den Arbeitsmarkt beleben.
3. Die Arbeitsplätze der noch Beschäftigten werden sicherer. Die Neigung der Unternehmen, Arbeitnehmern zu kündigen, nimmt ab.
4. Die Tendenz, Betriebe ins Ausland zu verlegen, verringert sich.

2. Beschäftigungspolitische Problematik von Schumpeter-Gütern

Schumpeter-Güter rufen die wirtschaftliche Entwicklung hervor und werden – ebenso wie Ricardo-Güter im Anpassungswettbewerb – nicht nach ihren Kosten, sondern nach ihrer Knappheit bezahlt. Nur wenn die Nachfrage nach Schumpeter-Gütern ebenso wie ihr Angebot steigt, ist wirtschaftliche Entwicklung mit Vollbeschäftigung vereinbar.

a) Entwickelt sich die Güternachfrage langsamer als das Güterangebot, weil – wie in der Zeit der kapitalistischen Ausbeutung – den Arbeitnehmern ihr Anteil an der Mehrwertentwicklung ganz oder teilweise vorenthalten wird, so entstehen Überproduktions- bzw. *Unterkonsumtionskrisen*[29] *mit schwankender Arbeitslosigkeit* wie im 19. Jahrhundert. Die Arbeiter sind infolge

---

29 Ob es sich um Überproduktionskrisen, wie die einen, oder um Unterkonsumtionskrisen handelt, wie die anderen Ökonomen behaupten, ist ein Streit um des Kaisers Bart. Was aus der Sicht der Nachfrager Unterkonsumtion ist, ist aus der Sicht der Anbieter Überproduktion.

der Elendslöhne nicht in der Lage, ihrer *volkswirtschaftlichen Funktion als Nachfrager quantitativ und qualitativ in vollem Umfang nachzukommen.* Sie konnten weder ihre Güternachfrage entsprechend der Produktivitätsentwicklung ausdehnen noch können sie Novitäten (wie damals: Fahrräder) erwerben.

b) Steigen indessen die Lohnkosten schneller als es dem Anteil der Arbeitnehmer an der Mehrwertentwicklung entspricht, so entsteht permanente Arbeitslosigkeit, weil zum einen – wie oben unter 1. gezeigt – Arbeiter in den Industrien, die Ricardo-Güter herstellen, freigesetzt werden, und zum anderen, weil sich dadurch auch Novitätsinvestitionen verteuern und infolgedessen die wirtschaftliche Entwicklung verlangsamt wird. *In diesem Fall ist die Arbeit als Produktionsfaktor zu teuer geworden.*

Unter den Bedingungen der wirtschaftlichen Entwicklung ergibt sich somit:

1. Ist der Lohn aus der Sicht der Mehrwertentwicklung *zu niedrig,* so hängt ein Beschäftigungszuwachs und die Verstetigung der Entwicklung von einer Vermehrung der Güternachfrage der Arbeitnehmer und damit von höheren Löhnen ab.

2. Sind die Lohnkosten umgekehrt aus der Sicht der Mehrwertentwicklung *überhöht,* so vermehrt eine Senkung der Lohnkosten die Beschäftigung, wobei es vom Ergebnis her gleichgültig ist, ob diese Senkung durch Herabsetzung der Lohnnebenkosten oder durch Kürzung der Effektivlöhne erfolgt.

Stellt ein Land wie Deutschland neben Ricardo-Gütern auch Schumpeter- Güter her, so läßt sich aus einem Exportüberschuß nicht der Schluß ziehen, daß die Lohnkosten in diesem Lande „nicht überhöht" sind, wie dies noch 1995 das DIW getan hat. *Denn selbst ein Land mit höheren Produktionskosten kann einen Entwicklungsvorsprung besitzen, dem es das Aktivsaldo im Außenhandel verdankt.* Wenn eine Volkswirtschaft leistungsfähigere Maschinen, Schnellpressen oder Roboter und interessantere Neuheiten am Computermarkt anzubieten hat, kann es nicht nur vorübergehend, sondern längerfristig einen Exportüberschuß aufweisen, auch wenn Massenarbeitslosigkeit besteht. Dabei ist allerdings zu beachten, daß man für den gleichen Betrag unterschiedliche Mengen von Arbeit erhält, weil es zum einen arbeitsintensive und arbeitsextensive

Produktionen gibt und weil zum anderen die Preise für Ricardo-Güter primär nur die Kosten (und Differentialrenten), aber die Preise für Schumpeter-Güter auch Unternehmensgewinne erhalten.

Eine *Beschleunigung der volkswirtschaftlichen Entwicklung* hat einen positiven Effekt auf die Beschäftigung eines Landes aus folgenden Gründen:

1. *kurzfristig* schafft jede Novitätsinvestition während ihrer Herstellung zusätzliche Arbeit: Die neuen Produktionsmittel müssen erst erarbeitet werden,

2. *langfristig* erzeugen die von diesen Investitionen geschaffenen Novitäten zusätzliche Arbeit, weil sie quantitativ (und qualitativ) die Güternachfrage erhöhen und damit den Arbeitsmarkt beleben. Man denke beispielsweise nur an die zusätzliche Nachfrage nach Arbeit, die durch die Entwicklung des Autos zum täglichen Gebrauchsgegenstand entstanden ist. Um die Jahrhundertwende hat es sich niemand vorstellen können, daß in den neunziger Jahren dieses Jahrhunderts Millionen von Autos jährlich hergestellt werden. Und man stelle sich umgekehrt vor, welche gewaltige Lücke heute am Weltmarkt entsteht, wenn plötzlich aus irgendeinem Grunde keine Autos mehr nachgefragt werden.

Zusammenfassung
Beschäftigungspolitisch ist zwischen zwei Arten von Waren zu unterscheiden:

1. Den *Ricardo-Gütern,* deren Preise im Gleichgewicht durch die Grenzkosten bestimmt werden und auch in Anpassungsprozessen normalerweise nicht allzu sehr von den Kosten abweichen, was allerdings nicht für Kriege, Revolutionen und Naturkatastrophen gilt.

2. Die *Schumpeter-Güter,* deren Preise sich nicht nach den Kosten, sondern nach der Knappheit richten. Das gleiche gilt auch für Ricardo-Güter bei Kriegen, Naturkatastrophen usw.

Ricardo-Güter eines Landes werden unverkäuflich, wenn sie in anderen Ländern so billig produziert werden, daß einheimische Güter nicht mehr konkurrenzfähig sind. Wird infolgedessen die Nachfrage nach Gütern der Inlandsproduktion verringert bzw. einheimische Betriebe ins Ausland verlagert, ist dies noch ohne Bedeutung, solange die Produktion von Schumpeter-Gütern an die Stelle der Produktion von Ricardo-Gütern tritt. Ist dies jedoch nicht der Fall, so ist die Höhe der nationalen Arbeitskosten die Ursache von Massenarbeitslosigkeit. Eine Reduzierung der Lohnkosten wirkt sich unter diesen Umständen positiv aus: weil die Neigung zu überstürzter Rationalisierung sinkt, mit der Abnahme des Rationalisierungstempos Finanzmittel für Novitätsinvestitionen freigesetzt werden und die Neigung der Arbeitgeber zu Entlassungen und die Tendenz zu Betriebsverlagerungen ins Ausland geringer wird.

Schumpeter-Güter schaffen Mehrwert, von deren Verteilung die Beschäftigung des Landes abhängt:

Entwickelt sich die Nachfrage nach Schumpeter-Gütern langsamer als das Angebot, weil den Arbeitern (und damit dem überwiegenden Teil der Bevölkerung) der Mehrwert vorenthalten wird, so entstehen die für das 19. Jahrhundert typischen Unterkonsumtionskrisen mit schwankender Arbeitslosigkeit.

Steigen umgekehrt die Lohnkosten schneller als die Mehrwertentwicklung, so ist permanente Unterbeschäftigung die Folge, wenn hierdurch die Neigung zu Novitätsinvestitionen verringert und die wirtschaftliche Entwicklung verlangsamt wird.

XII. In sich entwickelnden Marktwirtschaften verursachen hohe Gewinn- und progressive Einkommensteuern Arbeitslosigkeit

Wenn ein Unternehmen 10 Prozent vom nicht entnommenen Gewinn zu zahlen hat (bei einer progressiven Besteuerung der ausgeschütteten Dividenden von 2 bis 10 Prozent), wie das 1920 bei der *Körperschaftsteuer* in Deutschland der Fall war, ist eine Gewinnsteuer mit den Voraussetzungen einer sich entwickelnden Marktwirtschaft vereinbar. Die deutschen Finanzwissenschaftler wußten, daß eine höhere Gewinnsteuer volkswirtschaftlich schädlich ist. Geht man freilich mit der Marktformenlehre davon aus, daß Betriebe a priori „gegeben" sind und es keine Entwicklungsinvestitionen gibt, so scheint es für die Höhe von Gewinnsteuern keine Grenze zu geben. Selbst eine hundertprozentige Körperschaftssteuer auf den nicht entnommenen Gewinn würde keinen nennenswerten Schaden anrichten. Wir leben jedoch nicht im Gleichgewichtsmodell der vollkommenen Konkurrenz, in der Betriebe gegeben sind, sondern in einer sich entwickelnden Wirtschaft, in welcher der Unternehmensgewinn weitgehend für Entwicklungsinvestitionen gebraucht wird. Je weniger Gewinn respektive je weniger Ersparnis für Novitäts- und Rationalisierungsinvestitionen zur Verfügung stehen, desto weniger kann in die Entwicklung investiert werden und desto langsamer wird das Entwicklungstempo und desto größer wird die Arbeitslosigkeit. Zahlreiche Arbeitnehmer, die in Entwicklungsindustrien und mit Entwicklungsinvestitionen beschäftigt sind, verlieren ihre Beschäftigung. *Damit erweist sich eine Gewinnsteuer, die in Gestalt der sogenannten Körperschaftssteuer den Gewinn halbiert oder auf zwei Drittel reduziert, als eine Ursache von andauernder Unterbeschäftigung.*

Wenn die *Einkommensteuer* wie vor dem Ersten Weltkrieg mit geringen Sätzen und einem minimalen Progressionstarif ausgestattet wird, ist die Einkommensteuer *aus Sicht einer sich entwickelnden Marktwirtschaft* nicht zu beanstanden. Geht man freilich wie Vertreter der „Welfare Economics" von der Annahme aus, daß die „Reichen" den Teil ihres Einkommens, den sie nicht verbrauchen, „horten" und damit dem Wirtschaftskreislauf entziehen, ist eine progressive Einkommensbesteuerung unproblematisch. In einer sich entwickelnden Marktwirtschaft gelten diese Modellannahmen jedoch nicht, weil in ihr nicht nur reproduziert und konsumiert, sondern auch *in die Entwicklung investiert* werden muß. In der Realität *wachsen* außerdem die Einkommen aus zwei Gründen. Es nehmen einerseits die Realeinkommen mit dem *Mehrwert* zu und es werden andererseits die Nominaleinkommen durch die schleichende *Inflation* aufgebläht. In ihr hat die progressive Einkommensteuer in ihrer modernen Ausgestaltung *unheilvolle Wirkungen,* die sich allerdings erst im Ablauf der Zeit zeigen und dann jedoch sprunghaft zunehmen.

In einer sich entwickelnden Wirtschaft steigen mit den Novitäts- und Rationalisierungsinvestitionen die *Realeinkommen.* Ein Buchhalter, der im Jahr 1950 monatlich DM 500,– verdient, erhält dann – ohne daß sich das Geld entwertet hat, für die gleiche Tätigkeit im Jahr 1990 bereits DM 5000,–. Im Jahr 1950 beträgt sein Steuersatz 10 Prozent. Er zahlt also 10 Prozent von DM 500,– gleich DM 50,–. Infolge der Steuerprogression ist 1990 sein Steuersatz auf 30 Prozent gestiegen. Er muß infolgedessen DM 1500,– (30 Prozent von DM 5000,–) an den Fiskus abführen. Obschon sich sein Realeinkommen infolge der wirtschaftlichen Entwicklung (nur) verzehnfacht hat, hat sich seine Steuerschuld verdreißigfacht.

Dieser Progressionseffekt verstärkt sich noch, wenn sich das Geld durch eine *schleichende Inflation* entwertet. Angenommen, das Geld hat sich von 1950 bis 1990 um die Hälfte entwertet. Sein monatliches *Nominaleinkommen,* das der Besteuerung unterliegt, ist hierdurch auf DM 10.000,– gestiegen. Der Steuersatz beträgt jetzt infolge der Progression 40 Prozent, so daß unser Buchhalter nicht nur DM 1500,–, sondern DM 4000,– an Einkommensteuer an den Fiskus abzuliefern hat.

Entscheidend *aus der Sicht der wirtschaftlichen Entwicklung* ist letztlich jedoch nicht, wie das gesamte Einkommen eines Steuerpflichtigen, sondern wie sein „*Einkommenszuwachs*" von der Progression der Einkommensteuer getroffen wird. Die steuerlich bedingte Schrumpfung des „Einkommenzuwachses" wird bereits in einer Volkswirtschaft sichtbar, in der es keine schleichende Inflation gibt, also wie in Deutschland vor dem Ersten Weltkrieg die Nominaleinkommen mit den *Realeinkommen* identisch sind. Bei unserem Buchhalter ist das Realeinkommen, wie erwähnt, von DM 500,– im Jahre 1950 auf DM 5000,– im Jahr 1990 gestiegen. Sein „Einkommenszuwachs", den er dank der wirtschaftlichen Entwicklung zusätzlich verdient, beträgt daher DM 4500,– (DM 5000,– weniger DM 500,–). Für diesen Einkommenszuwachs zahlt er DM 1450,– an Einkommensteuer; denn seine Steuerschuld ist von DM 50,– dank der Progression auf DM 1500,– gestiegen. Somit ergibt sich, von dem entwicklungsbedingten Einkommenszuwachs wird rd. ein Drittel (nämlich DM 1450,– von DM 4000,–) vom Finanzamt geschluckt.

Das Ergebnis wird noch grotesker, wenn man die *Folgen der schleichenden Inflation* einbezieht. In unserem Beispiel hat die Mark um die Hälfte ihres Wertes verloren, was im Laufe von 40 Jahren nicht ungewöhnlich viel ist. Das Nominaleinkommen, das der Fiskus unlogischer- und ungerechterweise der Besteuerung zugrunde legt, ist daher auf DM 10.000,– „angewachsen". Von diesem Betrag muß unser Buchhalter jetzt infolge der Progression 40 Prozent und damit DM 4000,– Einkommensteuer entrichten. Auch wenn man berücksichtigt, daß durch die Inflation auch der Nominalbetrag des Einkommenszuwachses auf DM 9000,– „angewachsen" ist, muß er von dem *entwicklungsbedingten Zuwachs fast 50 Prozent* bezahlen. Von dem entwicklungsbedingten und durch die schleichende Inflation aufgeblähten Einkommenszuwachs von DM 9000,– frißt DM 4000,– der Fiskus auf. Infolge des derart geschmälerten Entwicklungzuwachses kann unser Buchhalter nur noch etwas mehr als die Hälfte seines zusätzlichen Einkommens für neue Qualitäten von Konsumgütern oder in Form von Ersparnissen für die (mittelbare) Finanzierung von Entwicklungsinvestitionen verwenden. Dabei geht die *Potenzierung der Steuerprogression* mit jedem Zuwachs des realen und jeder Inflationierung des nominellen Einkommens *unentwegt weiter* und endet nicht einmal, wenn sie den ganzen Mehrwertzuwachs wegrasiert. Durch diese Potenzierung der Steuerprogression wird die wirtschaftliche Entwicklung ernsthaft verlangsamt und im Endeffekt zerstört, zumal die Einkommensteuer keineswegs die einzige Steuer ist, die unser Buchhalter zu entrichten hat.

Dieser negative Progressionseffekt ist bisher durch Währungsreformen immer wieder gemildert oder aufgehoben worden. *Kurzfristig* sind diese Wirkungen für den Fiskus „segensreich". *Langfristig* sind sie jedoch für die Volkswirtschaft – und damit nicht zuletzt auch für den Fiskus – eine Katastrophe. Das unsinnige Anwachsen der Steuerschuld führt dazu, daß unser Buchhalter nach vierzig Jahren den Betrag an Steuern bezahlt, den vor 40 Jahren der Filialdirektor bezahlen mußte. Infolge von Entwicklung und Inflation hat er, obschon er unverändert nur Buchhalter ist, den damaligen Steuerstatus eines höheren Vorgesetzten erreicht. Weil der Staat den entwicklungsbedingten Einkommenszuwachs für sich vereinnahmt, sind die privaten Haushalte immer weniger in der Lage, ihre volkswirtschaftliche Funktion in der sich entwikkelnden Marktwirtschaft zu erfüllen, die ja gerade darin besteht, den *Einkommenszuwachs* für Novitäten auszugeben oder für unternehmerische Novitätsinvestitionen zu sparen. Wenn der Staat diese Aufgabe nicht übernimmt (und dies wird regelmäßig nicht oder nur bedingt der Fall sein), ist *eine zunehmende Verlangsamung des wirtschaftlichen Fortschritts und damit das erst allmähliche und sich dann progressiv beschleunigende Anwachsen der Massenarbeitslosigkeit vorprogrammiert.*

Nach etwa hundert oder hundertzwanzig Jahren hat die progressive Besteuerung der Nominaleinkommen eine blühende Volkswirtschaft in eine stagnierende und zunehmend verarmende Volkswirtschaft verwandelt. *Nur wenn die Steuersätze drastisch verringert, die Progression entschärft und die Folgen von Entwicklung und Inflation bei der Steuer berücksichtigt werden, ist die Einkommensteuer langfristig mit dem Fortbestand einer Marktwirtschaft vereinbar.*[30]

---

30 Vgl. hierzu auch S. 86f.

Auch das Existenzminimum bleibt in einer sich entwickelnden Marktwirtschaft nicht konstant. Es entwickelt sich mit dem gesellschaftlichen Wohlstand. Infolgedessen ist auch das *steuerliche Existenzminimum* von Zeit zu Zeit, z.B. nach jeweils drei oder fünf Jahren, der wirtschaftlichen Entwicklung anzupassen.

Zusammenfassung

In einer *statischen* Wirtschaft sind Gewinnsteuern unproblematisch. Wenn – wie in der Marktformenlehre – Betriebe und Waren „gegeben" sind, gibt es für die Höhe von Gewinnsteuern faktisch keine Grenzen. Und wenn, wie die Welfare Economics unterstellt, die „Reichen" ihr Einkommen, soweit sie es nicht verbrauchen, horten, ist gegen eine progressive Einkommensteuer selbst bei hohen Steuersätzen nichts einzuwenden.

In einer sich *entwickelnden* Wirtschaft werden jedoch Gewinne der Unternehmen zur Finanzierung von Entwicklungsinvestitionen gebraucht. Je mehr der Fiskus vom Unternehmensgewinn einbehält, desto langsamer verläuft die Entwicklung und desto mehr Arbeitskräfte, die in der Produktion von Schumpeter-Gütern tätig sind, werden freigesetzt.

In einer sich *entwickelnden* Wirtschaft erwerben die Haushalte außer Ricardo-Gütern auch Schumpeter-Güter und stellen ihre Ersparnisse mit Hilfe der Banken den Unternehmen zur Fremdfinanzierung der Entwicklungsinvestitionen zur Verfügung. Diese Funktion der privaten Haushalte wird nicht nur durch die Höhe, sondern auch durch die Progression der Einkommensteuer aus zwei Gründen in Frage gestellt: zum einen weil in sich entwickelnden Marktwirtschaften die *Realeinkommen* infolge des Mehrwerts steigen und zum anderen, weil die *Nominaleinkommen,* von denen die Einkommensteuer berechnet wird, durch die Inflation aufgebläht werden. Erschwerend kommt hinzu, daß für die wirtschaftliche Entwicklung nicht die gesamten Realeinkommen, sondern die jährlichen *Realeinkommenszuwächse* relevant sind. Durch die *„Potenzierung"* der Steuerprogression wird dieser *entwicklungsbedingte Einkommenszuwachs* besonders hart getroffen, so daß selbst ein kleiner Angestellter einen immer größeren Teil seines Anteils am Mehrwert an den Fiskus abzuliefern hat. Er ist daher immer weniger in der Lage, durch Erwerb von Novitäten seine volkswirtschaftliche Funktion in einer sich entwickelnden Marktwirtschaft zu erfüllen. Durch die „Potenzierung" der Steuerprogression durch Entwicklung und Inflation ist damit eine Verlangsamung des wirtschaftlichen Fortschritts und ein sich progressiv beschleunigendes Anwachsen der Massenarbeitslosigkeit vorprogrammiert.

XIII. Der Außenhandel beeinflußt Entwicklung und Beschäftigung

Der Außenhandel beeinflußt Entwicklung und Beschäftigung und umgekehrt beeinflußt die Entwicklung neuer Märkte den quantitativen Umfang und die qualitative Zusammensetzung des internationalen Handels. Eine neue Ware, die bei geschlossenen Handelsstaaten nur im eigenen Land erhältlich ist, wird infolge der völkerverbindenden Wirkung des Außenhandels auch in allen anderen Marktwirtschaften angeboten und nachgefragt.

In einer geschlossenen Volkswirtschaft beschränkt sich die Nachfrage nach einem neuen Gut auf die Bewohner dieses Landes. Wenn zwei Länder miteinander Handel treiben, so sind Neuerungen, die in einem Land herausgebracht werden, bereits in zwei Ländern erhältlich. Unterstellt man, daß die Novitäten der beiden Länder den gleichen Nachfrageeffekt haben, so verdoppeln sich bereits die volkswirtschaftlichen Wirkungen der Entwicklung. Das Tempo der wirtschaftlichen Entwicklung wird maximiert, wenn alle Nationen an der internationalen Arbeitsteilung partizipieren. Mit der gleichen Geschwindigkeit wächst der Außenhandel. Je mehr Novitäten in einer Weltwirtschaft auf den Markt kommen, desto mehr Güter- und Güterqualitäten werden im internationalen Handel angeboten und nachgefragt, wie ich bereits in meinem Lehrbuch der Wirtschaftsentwicklung nachgewiesen habe, zumal jedes Handelsgeschäft normalerweise von Handelswechseln und damit von Kreditschöpfung begleitet wird. Beschäftigungspolitisch folgt hieraus: Jeder Abbau noch bestehender Handelsschranken und damit jede zusätzliche Liberalisierung – und dafür ist in der Gegenwart noch viel Platz – erhöht die Weltbeschäftigung und verringert die Arbeitslosigkeit in der Welt.

Merkantilistische Handelspolitik, wie sie Keynes in seiner 1936 erschienenen „Allgemeinen Theorie" empfiehlt, ist zwar nach einem Zusammenbruch der Weltwirtschaft die einzige Möglichkeit, die verbleibt. Wenn sich alle Nationen durch Hochschutzzölle und Devisenbewirtschaftung abkapseln, wie Keynes unterstellt[31], ist die

---

31 Die Rückkehr zur Weltwirtschaft *nach* dem Ende des Zweiten Weltkrieges konnte Keynes nicht voraussehen. Vgl. John Maynard Keynes, Allgemeine Theorie der Beschäftigung ..., München et al. 1936.

einzelne Nation mehr oder minder auf sich allein gestellt. In einer wieder funktionierenden Weltwirtschaft ist indessen merkantilistische Handelspolitik fehl am Platz. Sie wäre Ursache einer neuen Massenarbeitslosigkeit in der Welt.

Ökonomen, die nur auf Überschüsse oder Defizite (resp. Auslandsinvestitionen) abstellen, übersehen die Wirkungen, die von jeder Liberalisierung und jeder Deliberalisierung auf die Waren- und Arbeitsmärkte in der *Welt* ausgehen. Schon Keynes hat verkannt, daß der Zerfall der Weltwirtschaft eine entscheidende, wenn nicht sogar die entscheidende *Ursache der Massenarbeitslosigkeit* in der Weltwirtschaftskrise der dreißiger Jahre gewesen ist. Wenn der Welthandel auf ein Minimum schrumpft, fehlt den Industrien der Exportländer die Nachfrage: Es entsteht *Weltarbeitslosigkeit.* Ebenso sieht Samuelson nicht den positiven Einfluß, welche die Liberalisierung des Welthandels nach dem zweiten Weltkrieg auf die Beschäftigung ausgeübt hat. Wenn die Weltnachfrage zunimmt, steigt die Beschäftigung in den Exportländern und die Beschäftigung in der Welt nimmt zu. Beide Ökonomen haben nur eine Volkswirtschaft mit Außenhandel unter Gleichgewichtsbedingungen, aber nicht *die Problematik einer sich entwickelnden Weltwirtschaft* analysiert. Ihnen blieb daher verborgen, daß die internationale Arbeitsteilung Wohlstand und Beschäftigung in der *Welt* vermehrt – aus folgenden Gründen:

1. Mit der Vollendung der Weltwirtschaft sinken die Preise, weil jetzt jedes Gut in dem Land erzeugt werden kann, wo seine Herstellung am billigsten (resp. billiger) ist. *Mit der Liberalisierung steigen die Realeinkommen in der Welt.*
2. Ohne Importe von Rohstoffen und Halbfabrikaten sind manche Produktionen im Inland *überhaupt nicht durchführbar.*
3. Mit der Errichtung der Weltwirtschaft werden Waren, die es bisher nur in einzelnen Ländern oder gar nur in einem Lande gab, den Bewohnern aller Länder zugänglich. Dies gilt sowohl für Ricardo-Güter als auch besonders für Schumpeter-Güter. *Angebot und Nachfrage nach Gütern entwickeln sich infolgedessen quantitativ und qualitativ in der Welt.* Im gleichen Umfang wächst die Nachfrage nach Arbeit.
4. Handelsgeschäfte werden im allgemeinen und insbesondere im Außenhandel von Handelswechseln und damit *von Kredit-*

schöpfung begleitet: Mit dem Außenhandel wächst mit dem Weltwohlstand die Geld- respektive Kreditzirkulation *in der Welt.* Auch dies wirkt sich beschäftigungspolitisch positiv aus.

5. Waren werden in der Weltwirtschaft nicht zu Gleichgewichtspreisen (Reproduktionskosten plus Versandkosten plus Kapitalzins), sondern zu *Knappheitspreisen* gehandelt, wobei der Verkauf von Schumpeter-Gütern – außer bei Flops – Gewinne abwirft, während Ricardo-Güter überwiegend in Länder verkauft werden, wo diese Qualitäten weniger vorkommen, so daß *die Gewinne im Außenhandel die Verluste bei weitem überwiegen.* Diese Gewinne tragen ebenfalls zum Weltwohlstand bei, zumal normalerweise nicht zu erwarten ist, daß sie gehortet werden.

Selbst in einer Welt, in der es keine Schumpeter-Güter gibt, steigt mit der Entstehung der Weltwirtschaft die Nachfrage nach Arbeit erheblich an. Mit jeder Liberalisierung beleben sich nicht nur die Handelsströme, sondern auch die Arbeitsmärkte in der Welt. Umgekehrt geht mit jeder Deliberalisierung die Nachfrage nach Gütern und nach Arbeit in der Welt zurück. Jede Deliberalisierung verursacht zusätzliche Arbeitslosigkeit in der Welt – und damit Arbeitslosigkeit, die in allen am internationalen Handel direkt oder indirekt beteiligten Nationen zu beobachten ist.

Wie Ricardo davon ausgeht, daß im Außenhandel nur Gleichgewichtspreise (Kostenpreise) erzielt werden[32], lehren Keynes[33], Samuelson u.a., daß nicht Exporte, sondern nur Exportüberschüsse (und „foreign investment") die Beschäftigung eines Landes positiv beeinflussen. Sie übersehen damit zum einen, daß nicht nur Exportüberschüsse, sondern *alle Waren, die exportiert werden, erarbeitet werden* müssen. Sie verkennen zum zweiten, daß selbst manche einheimische Fabriken schließen müssen, wenn die von ihnen benötigten Rohstoffe und Halbfabrikate nicht mehr im-

---

32 Ricardo lehrt, daß Waren zu Gleichgewichtspreisen gehandelt werden, also zu Reproduktionskosten plus Versandkosten plus Zins für Kapitalaufwand (19. Kapitel, Fußnote S. 268).

33 Zum statischen Modell von Keynes, vgl. neuerdings auch Brian Reddaway, How usefull are Keynesian ideas in 1996, Royal Ec Soc, Newsletter, april 1996.

portiert werden. Und sie ziehen überhaupt nicht in Betracht, daß faktisch alle Außenhandelsgeschäfte von Handelswechseln begleitet werden und daher *jede Ausweitung des Welthandels von einer Kreditschöpfung und jede Reduzierung des Außenhandels von einer Kreditschrumpfung begleitet wird. In einer Weltwirtschaft werden dank der Wertschöpfung des Handels und der diesen begleitenden Kreditausdehnung weitaus mehr Waren umgesetzt und weitaus höhere Realeinkommen erzielt als in einer Welt, die in geschlossene Volkswirtschaften zerfällt.* Dies wird sichtbar, wenn – wie in den dreißiger Jahren – eine Weltwirtschaft zusammenbricht. Es werden dann nicht nur diejenigen arbeitslos, die für den Exportüberschuß gearbeitet haben, sondern *alle* Arbeitnehmer, die bisher für den Export tätig gewesen sind und (zunächst) auch jene, die ohne die Einfuhr von Rohstoffen und Halbfabrikaten keine Arbeit mehr vorfinden.[34] *Gleichzeitig schrumpft das Weltsozialprodukt und mit ihm die Kreditzirkulation in der Welt auf ein Minimum,* ähnlich wie dies in der Weltwirtschaftskrise der dreißiger Jahre geschehen ist.

Die Gleichungen von Samuelson sind mathematisch richtig, aber ökonomisch falsch, weil sie die Beschäftigungswirkungen des Welthandels als solchem übersehen, die selbst dann auftreten, wenn es lediglich Ricardos „beliebig reproduzierbare Güter" gibt. Diese Beschäftigungswirkungen, die dem Außenhandel per se innewohnen, werden überdies noch potenziert, wenn dank der schöpferischen Unternehmen *Schumpeter-Güter* auf die Märkte kommen, die das Weltangebot wie die Weltnachfrage zusätzlich befruchten, weil die neuen Warenarten und die neuen Gutsqualitäten jetzt überall in der Welt erhältlich sind. Zudem wird das Tempo der Entwicklung von Schumpeter-Gütern durch die internationale Arbeitsteilung vervielfacht.

Liberalisierung ist daher ein vorzügliches Mittel, um die Beschäftigung in der Welt zu erhöhen. Jede Liberalisierung – und hierfür besteht selbst heute noch eine Vielzahl von Möglichkeiten – vermehrt die Weltbeschäftigung, auch wenn nicht zu erwarten ist, daß sich die Zunahme der Beschäftigung gleichmäßig über die beteiligten Länder verteilt.

---

34 Die Inbetriebnahme von Ersatzstoff-Produktionen ist zeitraubend und kostspielig.

Zusammenfassung

Der Welthandel beeinflußt Entwicklung und Beschäftigung, weil das *Tempo der Entwicklung* beschleunigt wird, wenn Novitäten jeweils nicht nur in einem Land, sondern in allen Ländern angeboten und damit – wie im Automobilbau – weltweit Qualitätsverbesserungen angeregt werden. Jede Liberalisierung des Welthandels vermehrt überdies *Wohlstand und Beschäftigung der Welt* aus folgenden Gründen:

1. Waren können jetzt dort hergestellt werden, wo ihre Produktion billiger ist.
2. Es gibt inländische Produktionen, die überhaupt erst durch den Import von Rohstoffen u.dgl. (z.b. Manganerzen) ermöglicht werden.
3. Handelsgeschäfte im Außenhandel werden von Handelswechseln und damit von Kreditschöpfung begleitet. Mit der internationalen Arbeitsteilung wächst die Geld- respektive Kreditzirkulation in der Welt.
4. Waren werden auch in einer Weltwirtschaft nicht zu Gleichgewichts-, sondern zu Knappheitspreisen gehandelt. Da der Verkauf von *Schumpeter-Gütern* normalerweise Gewinne abwirft und *Ricardo-Güter* vorwiegend in Länder verkauft werden, wo ihre Qualitäten weniger vorkommen, überwiegen die Gewinne im Außenhandel bei weitem die Verluste.
5. Endlich ist es nicht so, daß nur Exportüberschüsse, sondern die Exporte als solche erarbeitet werden müssen.

XIV. Die bisherigen Beschäftigungstheorien erfassen nur Teilaspekte der Beschäftigungsproblematik

Sowohl die Nachfrage- als auch die Angebotstheoretiker vereinfachen die Beschäftigungsproblematik aus folgenden Gründen:

1. Sie unterscheiden nicht zwischen einer Wirtschaft, in der in gegebenen Betrieben lediglich herkömmliche Güter hergestellt werden, und einer Wettbewerbswirtschaft, in der die Unternehmen neue Kapital- und Konsumgüter kreieren und die Nachfrage der Verbraucher durch diese neuen Güter beeinflußt wird. Indem sie ihre Analyse auf Ricardo-Güter beschränken, verkennen sie die Bedeutung, welche Schumpeter-Güter für Angebot und Nachfrage und damit für die Beschäftigung spielen.
2. Sie ziehen daher auch nicht die Tatsache in ihre Untersuchung ein, daß die wirtschaftliche Entwicklung von neuen Gütern

sowohl den Konsum wie die Investitionen vervielfacht. In Marktwirtschaften ersetzt man Waren nicht nur dann, wenn sie aufgebraucht sind, sondern meist bereits dann, wenn neue Waren besser als die alten gefallen.

3. Sie berücksichtigen nicht ausreichend, daß jede Deliberalisierung Arbeitnehmer in den Exportindustrien freisetzt und jede Schrumpfung der internationalen Arbeitsteilung die Kreditversorgung wie die Nachfrage nach Waren und Arbeit verringert und den Wohlstand reduziert.

4. Sie verkennen damit auch, daß die Massenarbeitslosigkeit in Marktwirtschaften von anderer Art und anderen Dimensionen ist als Arbeitslosigkeit in sterilen Wirtschaften, in denen es im Binnen- wie im Außenhandel nur Ricardo-Güter und keine Entwicklungsinvestitionen gibt.

Endlich wird häufig das Angebot mit den Betrieben und die Nachfrage mit den Haushalten identifiziert, obwohl kein Unternehmen ohne Nachfrage nach Rohstoffen und Halbfabrikaten produzieren kann.

In einer *sterilen Wirtschaft,* in der ausschließlich in gegebenen Betrieben traditionelle Waren getauscht werden, ist mangels der Kreation von Mehrwert das Versorgungsniveau niedrig und der Umfang von Angebot und Nachfrage gering, weil herkömmliche Waren noch nicht durch neue und bessere Güter ersetzt werden. Wie schon Mandeville in seiner Bienenfabel und Keynes in seiner Allgemeinen Theorie beschreibt, entsteht Elend und Arbeitslosigkeit hier dann, wenn die Bewohner des Landes zu Askesen werden bzw. horten. Die geringe Produktivität, an der sich auch mangels wirtschaftlicher Entwicklung nichts ändert, sorgt dafür, daß das Beschäftigungsproblem normalerweise – ähnlich wie in staatlichen Planwirtschaften – keine nennenswerte Bedeutung erlangt. Selbst der Außenhandel spielt in einer Welt, in der sich auch die internationale Arbeitsteilung auf die herkömmlichen Waren beschränkt, keine zentrale Rolle.

In *Marktwirtschaften* ist die Beschäftigungsproblematik von völlig *anderer Art.* Dank der Entwicklungsinvestitionen werden hier Jahr für Jahr immer wieder neue Qualitäten von Gütern hergestellt und immer wieder erneut die Produktivität der Betriebe durch leistungsfähigere Produktionsverfahren vermehrt, wodurch sich gleichzeitig das *Tempo des Konsums und das Tempo der Investitionen* um ein Mehrfaches erhöht. Warum? – Der Konsum in Marktwirtschaften ist weitaus größer, weil man Waren nicht erst ersetzt, wenn sie völlig verbraucht sind, sondern auch schon dann, wenn neue Waren auf den Markt kommen, die besser gefallen. Das gilt für Kleidung ebenso wie für langlebige Güter, die von der Industrie hergestellt werden. Ebenso ist die Investitionsrate in einer Marktwirtschaft weitaus höher als in einer Tauschwirtschaft. Ursache hierfür ist zum einen, daß es in Marktwirtschaften nicht nur Ersatzinvestitionen und allenfalls auch Erweiterungsinvestitionen, sondern auch Entwicklungsinvestitionen gibt, wobei sich dank des Drucks des Wettbewerbs faktisch selbst Ersatzinvestitionen in Entwicklungsinvestitionen verwandeln. Alte Aggregate werden normalerweise durch leistungsfähigere und damit billiger arbeitende Anlagen ersetzt. Ursache für die Vervielfachung der Investitionen ist zum anderen, daß Unternehmen ihre Maschinen nicht erst dann ersetzen, wenn sie total verbraucht sind, sondern bereits dann, wenn die alten Maschinen im Verhältnis zu den neuen zu teuer arbeiten. Eine Maschine ist vielleicht erst nach fünfzig Jahren *verbraucht* (wie dies z.B. in der Sowjetunion unterstellt wurde), aber sie ist in einer sich entwickelnden Marktwirtschaft bereits nach zehn oder vielleicht sogar schon nach drei Jahren *technisch veraltet.*

Je reichhaltiger das Warenangebot ist und je mehr Schumpeter-Güter offeriert werden, desto stärker wirken Ausdehnungen und Einschränkungen der internationalen Arbeitsteilung auf die Beschäftigung ein. Denn es spielen nicht mehr nur Naturvorkommen, sondern vor allem und in steigendem Maße technische bzw. kreative Überlegenheit für das Volumen des Außenhandels die entscheidende Rolle.

In einer sich entwickelnden Weltwirtschaft entsteht Massenarbeitslosigkeit somit vorwiegend aus zwei Gründen:

1. durch Verlangsamung der wirtschaftlichen Entwicklung (Entwicklungsarbeitslosigkeit)
2. durch Schrumpfung des Außenhandels (Weltarbeitslosigkeit).

1. **Entwicklungsarbeitslosigkeit** tritt in verschiedenen Formen auf. Sie erscheint als

a) *„nachfragebedingt"[35]*, wenn ein erheblicher Teil der Bevölkerung unterproportional am Sozialprodukt (resp am Mehrwert überhaupt nicht) beteiligt wird. Arbeitnehmern fehlen hier die Mittel zum Erwerb von Schumpeter-Gütern und die Reichen haben genug davon.

b) *„angebotsbedingt"*, wenn überhöhte Lohnkosten die Herstellung von Ricardo-Gütern im Inland unrentabel werden lassen und Novitätsinvestitionen gegenüber Rationalisierungsinvestitionen zurückgestellt werden, wie oben gezeigt wurde,

c) *nachfrage- und angebotsbedingt*, wenn der Staat durch seine Besteuerung die Entwicklung von Angebot und Nachfrage negativ beeinflußt (vgl. XII. Kapitel). Auch diese Problematik entfällt, wenn man eine Wirtschaft ohne Entwicklung und ohne Inflation betrachtet.

2. **Weltarbeitslosigkeit** entsteht nicht allein durch Schrumpfung des Außenhandels, sondern bereits auch dann, wenn das Wachstum der internationalen Arbeitsteilung der wirtschaftlichen Entwicklung hinterherhinkt. Die Massenarbeitslosigkeit erreicht ihr Maximum, wenn Weltarbeitslosigkeit und Entwicklungsarbeitslosigkeit zusammenfällt. So ist auch der Umfang der Weltarbeitslosigkeit der dreißiger Jahre nicht nur durch den Zusammenbruch des Welthandels, sondern auch durch den fast totalen Stillstand der wirtschaftlichen Entwicklung verursacht worden. Wenn Hochschutzzölle und staatliche Devisen- oder Außenhandelsbewirtschaftung den zwischenstaatlichen Handel auf einen Bruchteil reduzieren, sinken die Realeinkommen, die Entwicklung stagniert und die Nachfrage nach Waren und Arbeit reduziert sich generell weltweit auf ein Minimum.

---

35 Ich verwende die Begriffe „nachfragebedingt" und „angebotsbedingt" in Anlehnung an den Sprachgebrauch der Keynesianer und Postkeynesianer, die allerdings die Entwicklung zur Erklärung von Massenarbeitslosigkeit nicht herangezogen haben.

Zusammenfassung

Die Beschäftigungstheorie, die für Marktwirtschaften gelten soll, kann sich nicht auf die Analyse von Modellen beschränken, in denen es nur Ricardo-Güter gibt, sondern muß den Entwicklungs- und Anpassungswettbewerb in ihre Untersuchung einbeziehen. Je nach dem, ob durch Entwicklungsstörungen Angebot oder Nachfrage primär benachteiligt wird, lassen sich verschiedene Formen der Entwicklungsarbeitslosigkeit unterscheiden. Außerdem gibt es in einer Weltwirtschaft Weltarbeitslosigkeit, die sich als besonders gefährlich erweist, wenn sie von Entwicklungsarbeitslosigkeit begleitet wird.

3. Kapitel
Die Wirtschaft ist kein Naturphänomen, sondern ein Werk des Menschen

> Die klassische Nationalökonomie suchte „die durchgehende, gottgewollte, vernünftige, natürliche Ordnung und die natürlichen Gesetze".
>
> *Walter Eucken*

XV. Wie klassische und neoklassische Ökonomen die Wirtschaftstheorie in eine „Naturwissenschaft" verwandelten

Weder die Voraussetzungen noch die Ergebnisse der Marktformenlehre stimmen mit der Realität überein. Die Marktformenlehre untersucht Gleichgewichtslagen, in denen Betriebe, Waren und Wertungen gegeben und Unternehmenspolitik ebenso wie Verbraucherpolitik ex definitione ausgeschlossen sind.

Die Realität der Marktwirtschaften sieht jedoch anders aus. In ihr vollziehen sich Entwicklungs- und Anpassungsprozesse, in denen Unternehmen ihre Betriebe und Waren gestalten und Wertungen ihrer Kunden durch ihre Preis- und Qualitätspolitik oder auch durch Werbung und dgl. beeinflussen. Sie können sogar – wie die Erfahrung lehrt – ihre Geschäftspartner ausnehmen und ruinieren, was in einer Gleichgewichtsbetrachtung ex definitione ausgeschlossen ist. Ebenso wirken private Haushalte auf ihre Nachfrage ein. Sie sind in der Lage, die Nachfrage bei langlebigen Erzeugnissen vorzuziehen oder in die Zukunft zu verlagern. Sie besitzen die Wahl zwischen kurz- und langfristigen Zielen.

Und sie können, wenn sie ihre Wahlfreiheit verlieren, zum Lumpenproletariat verkommen wie die Arbeiter des vorigen Jahrhunderts, was aus der Sicht einer Gleichgewichtstheorie ebenfalls unvorstellbar ist, weshalb dieses Problem bei klassischen und neoklassischen Ökonomen grundsätzlich nicht behandelt wird.

Auch die Annahme der Marktformenlehre, daß Monopole, Monopsone, Oligopole und Konkurrenz mit den gleichen Kurven arbeiten, entspricht nicht der Realität. Mehr noch als Novitäten oder Werbung ist der Einsatz von Macht fähig, ökonomische Wertungen zu beeinflussen. Die Partner des Mächtigen werden von diesem zu Umwertungen gezwungen, die im Interesse des Mächtigen sind. Sie können sich nicht wehren, weil sie die Freiheit der Partnerwahl verloren haben. Und der Mächtige schätzt seine Unternehmen und seine Produkte höher ein, wenn er feststellt, daß seine Kunden bereit sind, höhere Preise zu bezahlen. Die Unterstellung, daß die verelendeten Arbeiter, die Karl Marx in seinem „Kapital" beschreibt, und die Arbeiter, die heute durch Gewerkschaften, Kündigungsfristen und Sozialversicherung geschützt werden, die gleichen Wertvorstellungen besitzen, widerspricht jeder Erfahrung. Die mathematischen Gleichungen der Marktformenlehre sind ohne Zweifel formal richtig, aber sie sind materiell inhaltsleer, weil die Größen, die sie symbolisieren, wie Grenzvorteile, Grenzkosten, Grenzerlöse und Grenzausgaben, je nachdem, ob Monopol, Dyopol, Oligopol, Konkurrenz oder ob wirtschaftliche oder rechtliche Unfreiheit besteht, verschieden sind. Wie der Sklave und der Freie, so leben auch Wettbewerber und Monopole in – mehr oder weniger – unterschiedlichen Welten.

Die Marktformenlehre übersieht damit zugleich, daß der Wettbewerb kein zeit- und raumloses Gleichgewicht ist und sich marktwirtschaftliches Geschehen in Zeit und Raum abspielt, wobei Mangel und Überfluß überwunden und die Volkswirtschaft durch neue Qualitäten von Kapital- und Konsumgütern bereichert wird. Von dem Verlauf dieser Prozesse hängt die quantitative und qualitative Entwicklung des Sozialprodukts ab, ebenso wie die Erhöhung der Realeinkommen und die – im Vergleich zu Staatswirtschaften – relative Störungsfreiheit von Marktwirtschaften.

Nichts hiervon gibt die Marktformenlehre wieder. Aus der Marktformenlehre – und dies gilt auch für spätere Ergänzungen wie Sraffas Gleichgewicht der Firmenmonopole – sind Schlüsse auf das sich in Zeit und Raum vollziehende Geschehen in Marktwirtschaften nicht möglich.

Die *Ursache für die Diskrepanz,* die sich zwischen wirtschaftlicher Theorie und marktwirtschaftlicher Realität ergibt, ist die Folge davon, daß sich Ökonomen die *Naturwissenschaften als Vorbild* genommen haben.[36] Sie haben das Verfahren, das in der Naturwissenschaft so erfolgreich war, auch auf die Wirtschaftstheorie angewendet. Ohne Zweifel läßt sich eine Wissenschaft wie die Astronomie als „ein mit Hilfe implizierter Definitionen geschaffenes Gefüge von Wahrheiten" definieren. Auch ist sicher richtig, daß „ein mit Hilfe implizierter Definitionen geschaffenes Gefüge von Wahrheiten ... nirgends auf dem Grunde der Wirklichkeit" ruht, sondern frei schwebt „wie das Sonnensystem die Gewähr seiner Stabilität in sich tragend".[37] *Es besteht jedoch ein elementarer Unterschied zwischen dem Sonnensystem und dem Gegenstand der Wirtschaftstheorie.* Das Sonnensystem der Astronomen ist tote Materie, die sich, wenn überhaupt, nur sehr langsam verändert. Die Ökonomen haben indessen eine lebende Wirklichkeit zum Gegenstand, nämlich die wirtschaftliche Welt, die der Mensch geschaffen hat und weiterhin selbst gestaltet, eine Welt, die sich ständig durch neue Qualitäten von Kapital und Konsumgütern und durch Änderungen der menschlichen Wertvorstellungen wandelt. Diese lebende Welt läßt sich nicht aus „vollkommenen Märkten" aufbauen, in denen Betriebe gegeben, Waren homogen und der Preis durch Kosten bestimmt wird. Wirtschaftsleben ist stets Anpassung und Entwicklung.

Die klassischen und neoklassischen Ökonomen haben trotzdem den Versuch unternommen, *die Lehre von der Wirtschaft in eine Naturwissenschaft zu transformieren. Sie betrachten Änderungen, wie sie für eine lebende Volkswirtschaft charakteristisch sind, als Ausnahme, und betrachten Gleichgewichtslagen, die im*

---

36 Vgl. hierzu vor allem Walter Eucken, Grundlagen der Nationalökonomie, Godesberg 1947, 5. Aufl., Seite 41ff.
37 Moritz Schlick, Erkenntnistheorie, 1925. – Vgl. hierzu Arndt, Lehrbuch der Wirtschaftsentwicklung, S. 7. Zu den Logistikern gehören u.a. Rudolf Carnap, Bertrand Russell, A.N. Whitehead und auch noch Sir Popper. Hierzu kritisch: Arndt, Instinkt oder Vernunft, Marburg 1940, S. 102ff.

Wirtschaftsleben die Ausnahme sind, als Normalzustand. Es läßt sich nicht bestreiten, daß auch dieser Weg zu Erkenntnissen geführt hat, die von großer Bedeutung sind. *Im Leben der von Menschen geschaffenen Marktwirtschaft ist jedoch Anpassung und Entwicklung das Normale.* Ohne Anpassungsvorgänge gibt es nicht jene Selbstheilungskräfte, die man der Marktwirtschaft nachsagt, und ohne Entwicklungsprozesse gibt es weder neue Waren, die es zuvor nicht gegeben hat, noch langfristig steigende Realeinkommen, die ebenfalls die Marktwirtschaft im Gegensatz zu anderen Wirtschaftssystemen auszeichnen.[38] Aber die klassischen und neoklassischen Ökonomen konzentrieren sich auf Gleichgewichtslagen und halten Anpassung und Entwicklung für Abweichungen vom Gleichgewicht. So suchte schon Adam Smith nach dem „natürlichen Preis", um den der Marktpreis oszilliert; David Ricardo nach dem „natürlichen Lohn", um den die Marktlöhne kreisen; Jevons nach dem „Law of indifference", nach dem es keinerlei Unterschiede gibt, und Walras fragte nach dem absoluten Gleichgewicht, von dem Datenänderungen nur kurzfristige Abweichungen ermöglichen. In der Realität lassen sich aber natürliche Preise ebenso wenig finden wie eine vollkommene Unterschiedslosigkeit oder ein absolutes Gleichgewicht. Im realen Leben variieren die Preise mit den Änderungen von Angebot und Nachfrage, während die Unternehmen durch neue Qualitäten von Kapitalgütern ihre Betriebe gestalten, in denen sie keineswegs nur Ricardo-Güter reproduzieren, sondern neue und bessere Qualitäten von Waren hervorbringen, die nicht nach ihren Reproduktionskosten und auch nicht nach ihren Grenzkosten bezahlt werden. Durch die Konzentration der klassischen und neoklassischen Schulen auf Gleichgewichtslagen und mechanische Anpassungsvorgänge haben sie die Lehre von der Wirtschaft zu einer Disziplin gemacht, die in gleichem Umfang und mit gleichem Erfolg wie eine Naturwissenschaft mit mathematischen Formeln operieren kann. Insofern hat die Theorie nicht die lebende Wirtschaft, sondern den Zustand untersucht, der sich nach ihrem Ende ergibt: „In the long run we are all dead"!

---

38 Ein Beispiel für die Ausschaltung der Entwicklungsvorgänge ist die Lehre von den „langfristigen Kostenkurven", die nicht die Entwicklung, sondern nur deren Ergebnisse zeigt, soweit sie quantifizierbar sind.

Auch wenn die Analysen von Gleichgewichtslagen und von Mechanismen wertvolle Erkenntnisse hervorgebracht haben[39], was niemand bestreiten kann, so hat doch die *Verwandlung der Wirtschaftstheorie in eine Naturwissenschaft den Blick versperrt für die Erkenntnis jener Phänomene, die als Entwicklung und Anpassung im Wirtschaftsgeschehen die entscheidende Rolle spielen.* Indem man sich auf Gleichgewichtslagen konzentriert, hat man die *vom Menschen gestalteten Entwicklungs- und Anpassungsprozesse* weitestgehend außer Acht gelassen, zu denen auch der Wettbewerb gehört, ohne den es keine Marktwirtschaft gibt.[40]

Zusammenfassung

Klassische und neoklassische Autoren haben der Volkswirtschaftslehre den Anschein einer Naturwissenschaft gegeben, indem sie nicht Anpassung und Entwicklung, sondern Gleichgewichtslagen und Automatismen untersuchten. Gleichgewichtslagen sind jedoch in Marktwirtschaften die Ausnahme, Anpassung und Entwicklung hingegen die Regel. Automatismen gibt es in einer Marktwirtschaft nicht, in der ökonomische Ergebnisse auf menschlichen Entscheidungen beruhen.

Ebenso arbeitet die Marktformenlehre mit Annahmen, die nicht der in Zeit und Raum ablaufenden Realität entsprechen. Monopole, Dyopole, Oligopole und Konkurrenz operieren bei ihr mit den gleichen Kurven, obwohl sich mit der Marktform die ökonomischen Bewertungen ändern. Betriebe und Waren sind ebenso wenig wie Monopole, Dyopole usw. von Natur gegeben, sondern müssen vom Menschen geschaffen und erhalten werden. Aber gerade diese in Zeit und Raum ablaufenden Vorgänge, die für das Verständnis ökonomischer Phänomene von entscheidender Bedeutung sind, klammert eine Gleichgewichtsbetrachtung aus.

Die Gleichgewichtstheorie hat hervorragende Ergebnisse hervorgebracht, weil sie jedoch ökonomische Phänomene nicht unter den Bedingungen von An-

---

39 Auch Evolutionisten wie Richard R. Nelson, Sidney G. Winter u.a. verharren in *naturwissenschaftlichem Denken*, wenn sie wirtschaftliche Entwicklungsprozesse als biologische Zusammenhänge betrachten. Menschliche Wirtschaft ist weder Teil der Biologie noch ein Mechanismus, sondern das Resultat menschlicher Entscheidungen, die es ohne *menschliche Kreativität* und ohne ökonomische Freiheit nicht gibt. Vgl. aber Richard R. Nelson and Sidney G. Winter, An Evolutionary Theory of Economic Change, Cambridge, Mass. et al., 1982; Michael L. Rothschild, Bionomics, London 1992.

40 Die historischen Schulen untersuchten die Realität, scheiterten aber an der theoretischen Umsetzung ihrer Erfahrungen, obschon auch sie große Verdienste um unsere Wirtschaft haben.

passung und Entwicklung untersucht, hat sie auch das für Marktwirtschaften typische Problem der Massenarbeitslosigkeit nicht zu lösen vermocht.

XVI. Die Wirtschaft ist kein Naturprodukt, sondern ein Werk des menschlichen Geistes. In der Wirtschaftstheorie gibt es daher ebenso wie in anderen Sozialwissenschaften keine Naturgesetze und keine Automatismen

Bei ihrem Versuch, die Wirtschaftstheorie in eine Naturwissenschaft zu verwandeln, haben klassische und neoklassische Autoren nach Naturgesetzen und funktionalen Zusammenhängen gesucht, die es jedoch in einer Sozialwissenschaft nicht gibt. In der Wirtschaft finden sich nicht die naturgesetzlichen Zusammenhänge, mit denen Astronomen oder Biologen arbeiten. *Der Verlauf der Wirtschaft hängt von menschlichen Aktivitäten ab.* Einige Beispiele illustrieren diesen Zusammenhang.

Wie schon oben gezeigt, wird das Ertragsgesetz, das viele Ökonomen für das ökonomische Grundgesetz halten, ebenso wie die Gossenschen Gesetze durch menschliche Entscheidungen außer Kraft gesetzt. Jedes neue Gut hebt im Augenblick seiner Geburt die Wirksamkeit des Ertragsgesetzes und jedes neue Bedürfnis, das sich ein Konsument aneignet, den Effekt der Gossenschen Gesetze auf. Für neue Produkte gibt es noch keine Ertragskurven und bei jedem neuen Bedürfnis beginnt der Sättigungsvorgang aufs neue.

Beim Monopol ist weder die Menge eine Funktion des Preises noch der Preis eine Funktion der Menge, wie z.B. Lawrence R. Klein in seinem „Textbook of Econometrics"[41] behauptet. Wenn ein Monopol nur den Preis herabsetzt, aber nicht die produzierte Menge entsprechend erhöht, übersteigt die Nachfrage das Angebot und es entstehen Schlangen von Menschen vor den Läden. Wenn ein Monopol zwar die Menge, die es produziert, erhöht,

---

41 Das Buch von Klein (deutsche Übersetzung „Einführung in die Ökonometrie" mit Vorwort von Wilhelm Krelle, Düsseldorf 1969) ist eine Fundgrube für mathematische Formeln, die ökonomisch keinen Sinn ergeben.

aber nicht den Preis herabsetzt, produziert es einen Überfluß, den es nicht absetzen kann. In jedem Fall sind zwei Entscheidungen erforderlich, eine, die den Preis, und eine andere, welche die Menge entsprechend ändert.

Auch den Gold- oder Geldautomatismus, an den selbst heute noch viele Ökonomen glauben, gibt es nicht. Das naturwissenschaftliche Phänomen der kommunizierenden Röhren, mit dem David Hume seine Lehre vom automatischen Ausgleich der Handelsbilanzen erklärt, paßt nicht in eine wirtschaftliche Welt, in der nicht Naturgesetze, sondern menschliche Pläne und Entscheidungen maßgebend sind. Vor allem zwei Gesichtspunkte sind hier maßgebend:

1. Für Zu- und Abstrom von Geld oder Gold von einem Land in das andere, sind keineswegs allein die Handelsbewegungen entscheidend. Die *Kapitalströme* als Folge von Auslandsanleihen und privater Kapitalflucht sind ebenfalls von Bedeutung.

2. Eine relativ *gleichbleibende Menge* an Metall reicht nicht aus, um *eine sich entwickelnde Weltwirtschaft* ausreichend mit Geld zu versorgen. Denn in einer aus Marktwirtschaften bestehenden Weltwirtschaft vermehren sich die Güterströme in wie zwischen den Volkswirtschaften quantitativ (und qualitativ). Infolgedessen kann auch die Geldzirkulation in der Welt nicht konstant bleiben wie das Wasser in kommunizierenden Röhren.

Es ist zwar richtig, daß auch das in der Welt vorhandene Gold durch den Abbau von goldhaltigen Erzen zunimmt. Diese Vermehrung erfolgt jedoch nicht im gleichen Tempo wie das Warenangebot und die Warennachfrage in der Welt. Es kommt noch hinzu, daß ein Edelmetall wie Gold nicht nur als Zahlungsmittel, sondern auch als Schmuck, Zahnersatz, für industrielle Zwecke und vor allem als Kapitalanlage verwendet wird. Wächst jedoch die Goldzirkulation langsamer als Angebot und Nachfrage von Waren, so sind monetäre Störungen der wirtschaftlichen Entwicklung die zwangsläufige Folge. Wenn die Versorgung mit Gold hinter der Entwicklung der Warenzirkulation zurückbleibt, steigen die Güterpreise. Die hierdurch eintretende Teuerung wirkt deflationär und hat negative Auswirkungen auf die Entwicklung der

Güternachfrage. Angebot und Nachfrage driften auseinander. Die Lage wird noch dadurch verschärft, daß die Kapitalanlage in Gold durch das Ansteigen des Goldpreises an Reiz gewinnt. Gold wird infolgedessen vermehrt gehortet, was erneut negative Wirkungen auf den Goldumlauf hat. Ein wertloses Material wie das Papier ist daher für die Herstellung von Geld vorzuziehen, weil es weitaus weniger zum Horten verleitet. Die wirschaftliche Entwicklung in einer Weltwirtschaft verläuft nur dann kontinuierlich und damit störungsfrei, wenn sich Angebot und Nachfrage von Geld in gleichem Tempo wie Angebot und Nachfrage von Gütern entwickeln. Wie das zu bewerkstelligen ist, ist eine technische Frage, die an dieser Stelle nicht weiter zu erörtern ist.

Wichtig bleibt die Feststellung: Ebenso wenig wie die in Marktwirtschaften ablaufenden Anpassung- und Entwicklungsprozesse von einem sog. Marktmechanismus, sondern von Menschen gesteuert werden, gibt es einen Automatismus, der die Weltwirtschaft störungsfrei mit Geld versorgt. Die Menschen sind es, die Marktwirtschaft und Weltwirtschaft geschaffen haben, sie müssen sie daher auch in Gang halten. Jede Schlußfolgerung von naturwissenschaftlichen Phänomenen auf die menschliche Wirtschaft ist unzulässig, weil die Lehre von der Wirtschaft eine Sozialwissenschaft und keine Naturwissenschaft ist. Da die Wirtschaft kein Naturereignis, sondern von Menschen geschaffen worden ist, sind in ihr auch keine Naturgesetze und keine mechanischen Verläufe zu finden. Jede Analogie von den Naturwissenschaften auf die Sozialwissenschaften ist fehl am Platz.

Die Vorliebe für mathematische Lösungen kann auch Ursache von Irrwegen sein. So arbeitet Horst Albach mit mathematischen Gleichungen, in denen er einen „Unternehmensbegriff" verwendet, der gleichermaßen auf Markt- und Staatswirtschaften paßt.[42] Um dies zu ermöglichen, definiert Albach „Unternehmen" als „Position im Netzwerk", wobei sich staats- und marktwirtschaftliche „Unternehmen" lediglich durch ihre „Entfernung vom Endverbraucher" unterscheiden sollen. In Staatswirtschaften, in denen Betriebe gemäß dem staatlichen Plan ihr Soll zu erfüllen haben,

---

42 Horst Albach, Zerrissene Netze. Eine Netzwerkanalyse des ostdeutschen Transformationsprozesses, Berlin 1993, insbes. S. 73ff. sowie Abbildung 19.

gibt es jedoch überhaupt keine Unternehmen, die – wie in der Bundesrepublik – ihre Betriebe und Waren gestalten und für den sich in Marktwirtschaften vollziehenden Anpassungs- und Entwicklungswettbewerb (mit-)verantwortlich sind. Die „Entfernung vom Endverbraucher" ist ebenfalls kein Merkmal, durch das sich staatswirtschaftliche Betriebe und marktwirtschaftliche Unternehmen unterscheiden. Albachs Gleichungen sind sicherlich formal nicht zu beanstanden. Ökonomisch sind sie ohne jeden Sinn. Derartige Lehrformeln waren daher beim „ostdeutschen Transformationsprozeß" nicht hilfreich, sondern schädlich.

Auch die neoklassische „Produktionsfunktion"

$$x = f\,(r_1\,,\,r_2\,,\,r_3\,,\,r_4\,)$$

(wobei x für Output, f für Technologie und r_1 bis r_4 die Arbeit, Management, Werkstoffe und Betriebsmittel repräsentieren) gilt ausschließlich für eine Wirtschaft, in der Betriebe, Werkstoffe, Waren und so fort unveränderliche Daten sind. Von den Aufgaben, die von Unternehmen in Marktwirtschaften zu erfüllen sind, zeigt sie nichts. Sie enthält weder den Anpassungswettbewerb, auf dem die „Selbstheilungskräfte" der Wettbewerbswirtschaft beruhen, noch gibt sie den Entwicklungswettbewerb wieder, der die Ursache für das Ansteigen des Wohlstands in Marktwirtschaften ist. Diese „Produktionsfunktion" wird auch nicht dadurch „dynamisiert", daß man die Buchstaben in der Klammer durch „$\dot{r}_1$, $\dot{r}_2$, $\dot{r}_3$, $\dot{r}_4$" ergänzt, wie dies Horst Albach vorschlägt.[43] Denn die Pünktchen über den Buchstaben r sind nicht geeignet, um Anpassungen der Produktion an Änderungen der Nachfrage oder um die Entwicklung der Produktion durch die Novitätsinvestitionen und durch die (auf diesen beruhenden) Rationalisierungsinvestitionen der schöpferischen Unternehmen zu erklären. Auch diese Gleichungen sind formal richtig, aber ökonomisch inhaltsleer, weil sie nichts von den Wettbewerbsprozessen zeigen, an denen Unternehmen in Marktwirtschaften maßgeblich beteiligt sind und die es ohne Unternehmen überhaupt nicht gibt. Sie sind daher als Hilfe für den „ostdeutschen Transformationsprozeß", der eine Staats- in eine Marktwirtschaft verwandeln soll, völlig ungeeignet.

---

43 Ibedem, S. 21f.

Daß es sich in der Wirtschaft um keine (relativ) unveränderlichen Größen, wie in der Sternenwelt, sondern um lebende Sozialphänomene handelt, zeigt auch das Beispiel der deutschen Rentengesetzgebung. Die mathematischen Formeln, nach denen seinerzeit Beitragszahlungen und Rentenentwicklung berechnet wurden, entsprachen dem damaligen Altersaufbau und Arbeitseinsatz der deutschen Bevölkerung. Inzwischen haben sich die Voraussetzungen aus zwei Gründen drastisch verändert:

1. Die Anzahl der Rentner ist gewaltig gestiegen, weil Menschen heute älter werden als vor fünfzig Jahren;
2. die Zahl der Beitragszahler ist durch den Geburtenrückgang und den Anstieg der Arbeitslosigkeit ebenso dramatisch zurückgegangen.

Die mathematischen Gleichungen, die für das Sonnensystem gelten, sind unverändert gültig und werden es auch noch in Hunderten von Jahren sein. Die mathematischen Formeln jedoch, die seinerzeit der Berechnung der Renten dienten, sind inzwischen längst Makulatur.

Es ist häufig als ein großer Vorteil der ricardianischen Theorie angesehen worden, daß sie sich ohne Schwierigkeit in mathematischen Formeln ausdrücken läßt. Es zeigt sich jetzt, daß diese scheinbare Exaktheit aus der Sicht einer Sozialwissenschaft kein Vorzug ist, weil viele Erscheinungen, die ökonomisch relevant sind, nicht gleichbleiben, sondern wechseln.

Zusammenfassung

Die Volkswirtschaft ist ebenso wie Betriebe und Waren kein Erzeugnis der Natur, sondern *ein Werk, das vom Menschen geschaffen ist.* Weder war die Sowjetunion von Natur gegeben noch war die deutsche Marktwirtschaft das Ergebnis einer Zwangsläufigkeit. Wirtschaftliche Verläufe hängen von menschlichen Aktivitäten ab. Es genügt z.B. nicht, daß ein Monopol den Preis erhöht. Wenn es nicht gleichzeitig seine Ausbringung verringert, produziert es einen unverkäuflichen Überschuß. In einer sich entwickelnden Weltwirtschaft funktioniert auch kein Goldautomatismus, weil eine relativ gleichbleibende Menge an Edelmetall nicht der in Zeit und Raum vor sich gehenden Entwicklung der Warenströme entspricht: Man vergleiche nur die internationalen Warenströme zur Zeit von David Hume mit dem Welthandel von heute. In der Wirtschaft gibt es keine (relativ) unveränderlichen Größen wie in der Welt der Sterne, sondern lebende Sozialphänomene. Dies zeigt auch das Schicksal der deutschen Rentengesetzgebung. Seit ihrem Inkrafttreten hat sich die Zahl der Rentner drastisch erhöht, während die Zahl der Beitragszahler ebenso drastisch zurückgegangen ist.

XVII. Wird die Marktwirtschaft als Anpassung und Entwicklung analysiert, entfällt die Unterscheidung von Mikro- und Makrotheorie und die Nationalökonomie wird wieder zur Einheit

Die Einteilung unserer Wissenschaft in „Micro-" und „Macroeconomics" entspricht nicht der Realität, sondern ist lediglich Folge unterschiedlicher Prämissen.

Ursprünglich untersuchten die klassischen Ökonomen die volks- und weltwirtschaftlichen Erscheinungen ebenso wie die Marktformen unter der Annahme, daß Gleichgewichtslagen bestehen und Betriebe sowie Waren gegeben sind. Sie brauchten diese Annahme, um die Lehre von der Wirtschaft aus einer Sozialwissenschaft, in welcher der Mensch entscheidet, in eine Naturwissenschaft zu verwandeln, in der Gesetze wie das Ertragsgesetz oder die Gossenschen Gesetze bestimmend sind. Sie haben daher auch lange Zeit gelehrt, daß es weder Wirtschaftskrisen noch anhaltende Arbeitslosigkeit geben kann. Selbst Keynes hat sich noch mit diesen Ansichten auseinandergesetzt, zumal selbst zu seiner Zeit von Arthur Cecil Pigou gelehrt wurde, daß Vollbeschäftigung (eigentlich) der Normalfall ist.

In der Weltwirtschaftskrise der dreißiger Jahre werden jedoch die Widersprüche zwischen dem Lehrgebäude der Ökonomen und den Erfahrungen, die vor aller Augen lagen, so stark, daß sich die Theoretiker in verstärktem Umfang Phänomenen zuwendeten, die es unter Gleichgewichtsbedingungen nicht gibt: dem Wachstum und der Arbeitslosigkeit, auch wenn sie wie selbst noch Keynes[44] viele Annahmen der Gleichgewichtstheorie beibehalten. Damit ergab sich mit der Zeit eine Zweiteilung, die zur Zeit noch vorherrschend ist: Die *Mikrotheorie,* die unverändert Gleichgewichtslagen unterstellt und Betriebe und Waren als gegeben betrachtet, und die *Makroökonomie,* in der Wachstum und Arbeitslosigkeit – wenn auch vielfach unter Beibehaltung statischer Annahmen – analysiert werden. Diese Art der Aufspaltung erübrigt sich jedoch, wenn man erkennt, daß die Wirtschaftstheorie zwei verschiedene

---

44 Vgl. John Maynard Keynes, Allgemeine Theorie ..., a.a.O., S. 229ff., insb. S. 234.

Erkenntnisgegenstände, nämlich einerseits Entwicklung und Anpassung und andererseits Gleichgewichtslagen, untersucht. Es lassen sich dann unterscheiden:

1. die *Entwicklungstheorie*, welche die *den Marktwirtschaften* (einschließlich der aus Marktwirtschaften bestehenden Weltwirtschaft) *eigentümlichen Anpassungs- und Entwicklungsvorgänge* analysiert und demgemäß Qualitätsveränderungen einbezieht,
2. die *Gleichgewichtstheorie*, die sich ausschließlich auf *Gleichgewichtslagen* konzentriert, also die Annahmen der Marktformenlehre durchgängig beibehält, so daß (Grenz-)Kosten die Preise bestimmen, Vollbeschäftigung besteht, Wachstum nur durch Erweiterungsinvestitionen stattfindet und man sich stets auf die Variablen Preis und Menge beschränkt.

Die Entwicklungstheorie läßt sich auf reale Wirtschaftsprobleme in Marktwirtschaften anwenden, weil und soweit in ihnen Anpassungs- und Entwicklungswettbewerb besteht.

Die Gleichgewichtstheorie ist hingegen nicht realisierbar, weil die Wirtschaft nicht von fehlerfreien Wesen, sondern von keineswegs fehlerlosen Menschen betrieben wird, auch wenn kaum zu bestreiten sein dürfte, daß Marx bei seiner Idee vom „Verein freier Menschen" und Lenin bei der Konstitution der früheren Sowjetunion Modellvorstellungen der Gleichgewichtstheorie vor Augen hatten.

Nur weil und soweit der Wettbewerb innerhalb wie zwischen den Volkswirtschaften in der Realität aus Anpassungs- und Entwicklungsvorgängen besteht, zeichnen sich Marktwirtschaften einerseits durch ihre Anpassungsfähigkeit und andererseits durch die Entwicklung neuer Kapital- und Konsumgüter aus. Und nur weil diese sich in Zeit und Raum vollziehenden Wettbewerbsprozesse entarten (oder durch Monopole ersetzt bzw. durch Staatseingriffe verfälscht werden), gibt es in Marktwirtschaften Wirtschaftskrisen und Arbeitslosigkeit. Sobald man also die klassische und neoklassische Prämisse generell preisgibt, welche die Wirtschaft in eine Art Naturwissenschaft verwandelt, sondern die *lebendige Entwicklung und Anpassung als Gegenstand* unserer Disziplin betrachtet, erweist sich, daß der Marktwirtschaft nur der entwicklungstheoretische Ansatz entspricht: *Die Lehre von den ökonomischen Anpassungs- und Entwicklungsvorgängen – einschließlich von Fehlanpassungen und Fehlentwicklungen – ist die Wirtschaftstheorie der Marktwirtschaft.*

Dies schließt nicht aus, daß man die Gleichgewichtstheorie weiterpflegt. Sie hat analytisch durchaus ihre Vorzüge. Nur sind ihre Ergebnisse auf Marktwirtschaften nicht anwendbar.

Zusammenfassung

Die Volkswirtschaftslehre ist in Mikro- und Makroökonomie zerfallen, weil die Marktformenlehre die Annahmen der Gleichgewichtstheorie beibehielt, während die Makrotheorie unter dem Eindruck von Wachstum und Massenarbeitslosigkeit ihre Prämissen auflockerte. Wenn man alle ökonomischen Phänomene unter den gleichen Annahmen untersucht, entfällt diese Art von Zweiteilung.

Es bleibt dann die Unterscheidung zwischen Gleichgewichtstheorie und Entwicklungstheorie übrig, wobei die *Gleichgewichtstheorie* ausschließlich Gleichgewichtslagen analysiert, wie dies Walras, Menger und Jevons getan haben, während sich die *Entwicklungstheorie* auf die Anpassungs- und Entwicklungsvorgänge konzentriert, die sich in Marktwirtschaften und damit auch in einer aus Marktwirtschaften bestehenden Weltwirtschaft abspielen. Beide Theorien haben ihre Vorzüge, aber nur die Ergebnisse der Entwicklungstheorie sind auf Marktwirtschaften anwendbar.

Anhang
Entwicklungstheoretische Vorschläge zur Erhaltung der sozialen Marktwirtschaft

German Men in the bottom wage decile earn
more than *twice as much* as American men in
a similar position.

Stephen Nickell/Brian Bell[15]

Eine Volkswirtschaft, in der Millionen von Menschen arbeitslos sind und die Massenarbeitslosigkeit noch anzusteigen droht, verdient nicht das Prädikat „sozial", auch wenn die noch Beschäftigten wohl versorgt sind. Um die Arbeitslosigkeit zu beseitigen, ist in Ländern wie Deutschland eine grundlegende Änderung und Erneuerung der gesamtwirtschaftlichen Rahmenbedingungen erforderlich, die der wirtschaftlichen Entwicklung entspricht. Dabei ist zu bedenken, daß die Unternehmer weder die Nichtstuer der Marktformenlehre, die ihre Betriebe und Waren als gegeben vorfinden, noch die Reichen die Drohnen der Welfare Economics sind, die sich aufs Konsumieren beschränken, soweit sie ihre Einkommen nicht horten. Wirtschafter reproduzieren nicht nur, wie Ricardo unterstellt, sondern produzieren auch neue und bessere Kapital- und Konsumgüter, ohne die es keinen wirtschaftlichen

---

45 Am Ec Rev, Paper and Proceedings, May 1996, p. 306a.

Fortschritt gibt. Durch diesen Fortschritt konnte die Arbeit erleichtert und verkürzt werden, durch ihn wurde die Sklaverei überflüssig, weil Maschinen schneller, billiger und besser arbeiten, und durch ihn wurde nicht zuletzt der Wohlstand in Gestalt von Fernsehern und Küchenautomaten in die Wohnungen der Arbeitnehmer getragen. Die Unternehmen fragen Arbeit nach und produzieren Waren, von deren Angebot die Nachfrage der privaten Haushalte wieder abhängt.

Um die Wirtschaft zu beleben und die wirtschaftliche Entwicklung zu beschleunigen, ist daher erforderlich:

1. Ein *Umbau des direkten Steuersystems,* das in seiner heutigen Ausgestaltung die Entwicklung lähmt und langfristig die Marktwirtschaft zerstört, wie wir gezeigt haben,
2. *Abbau des aufgeblähten Staatsapparates,* sofern er nicht dem Gemeinwesen, sondern der „Unterbringung" dient,
3. eine *Anpassung der Lohnkosten* an das Weltniveau, solange außer Schumpeter-Güter auch Ricardo-Güter produziert werden müssen, wenn Vollbeschäftigung erreicht werden soll,
4. eine Abstimmung der Gesetze, Verwaltungsakte u.dgl. auf die Lebensbedingungen der Marktwirtschaft,

und *weltweit:*

5. ein *Abbau der noch vorhandenen Handelshemmnisse,* weil jede Liberalisierung des Außenhandels die Weltbeschäftigung erhöht.

1. Umbau der direkten Steuern

Bei dem Umbau der direkten Steuern ist die wirtschaftliche Entwicklung zu berücksichtigen:

(a) Die *Realeinkommen entwickeln sich in der Marktwirtschaft.* Einkommen der privaten Haushalte aus *Arbeit und Gewinne* aus (echter) *Unternehmenstätigkeit* sind daher *nur proportional* zu besteuern, um die Potenzierung des Progressionseffektes zu verhindern, die sich bei *entwicklungsbedingt steigenden Realeinkommen* ergibt. Auch die neuerdings vorgeschlagene *Stufenprogression* ist mit Wirtschaftsentwicklung unvereinbar. Infolge der Einkommensentwicklung wandern auch hier alle Steuerpflichtigen *im Zeitablauf* in die höchste Steuerstufe.[46]

(b) Die Steuer darf nicht vom Nominaleinkommen, sondern nur vom *Realeinkommen* berechnet werden. *Die Inflationsrate, für die der Staat (mit-)verantwortlich ist, ist daher vom Nominaleinkommen abzuziehen.* Die Besteuerung der „inflationären Aufblähung" widerspricht dem Grundsatz der steuerlichen Leistungsfähigkeit und verlangsamt die wirtschaftliche Entwicklung.

(c) *Einkünfte aus Spekulationsgeschäften, Geldkapital, Grundvermögen u.dgl.* können notfalls *progressiv* besteuert werden, weil diese Größen weniger von der wirtschaftlichen Entwicklung berührt werden.

(d) Das *Existenzminimum,* das mit der wirtschaftlichen Entwicklung variiert, ist frei zu lassen. Der Freibetrag darf jedoch nur einmal berücksichtigt werden.

(e) *Haushalte und Unternehmen sind der gleichen Einkommensbesteuerung zu unterwerfen.* Nach entwicklungstheoretischen Gesichtspunkten ist es unerheblich, ob Unternehmen Körperschaften oder natürliche Personen sind.

Die bisherigen direkten Steuern sind zu ersetzen:

a. Durch eine proportionale Steuer auf Entgelte aus Arbeitsleistungen der Unselbständigen und auf Leistungsgewinne aus (echter) unternehmerischer oder freiberuflicher Tätigkeit mit einem Satz von etwa 20 oder 30 Prozent. Bei Haushalten sind Familienstand und Zahl der Kinder zu berücksichtigen, zumal Nachwuchs eine besondere Art der Arbeitsbeschaffung ist. Haushalte, deren Einkommen das Existenzminimum nicht mehr als 100 Prozent übersteigt, können niedriger besteuert werden.

b. Gegebenenfalls, wenn man nicht der Einfachheit[47] und Klarheit halber alle Einkünfte proportional besteuern will: eine

---

46 Im Jahr 1960 war ein Verdienst von DM 24.000,- die Schwelle, von der an man einkommensteuerpflichtig wurde. Sie wurde selbst von Oberregierungsräten nicht erreicht. Heute verdienen schon Lehrlinge fast eben so viel.

47 Jede Komplizierung des Steuerrechts erleichtert Umgehungen. Daher keine Sondervorschriften! Ausnahmen: Minderung von Not und Arbeitslosigkeit.

progressive Einkommensteuer auf Einkünfte aus Spekulationsgeschäften, Geldkapital, Grundvermögen u.dgl., die 10 bis 50 Prozent betragen kann und für alle Steuerpflichtigen gleich ist, wobei Konzerne steuerrechtlich als Einheit gelten.

c. Als weitere soziale Komponente wird nach dem Steuergrundsatz der Leistungsfähigkeit eine *nominelle Vermögensteuer von Haushalten erhoben,* die das fundierte Einkommen zusätzlich belastet und in ihrer Ausgestaltung dem Grundgesetz entspricht.

Die Gewerbesteuer wird abgeschafft, weil ihre objektiven Elemente mit den Voraussetzungen der wirtschaftlichen Entwicklung nicht in Einklang sind.

Der entstehende Steuerausfall ist durch Kürzung überflüssiger Staatsausgaben, deren es genug gibt, aufzufangen. Notfalls ist an eine Erhöhung der Mehrwertsteuer zu denken, deren Wirkungen weniger entwicklungsschädlich ist.

Durch die Anpassung der Besteuerung an die Erfordernisse der wirtschaftlichen Entwicklung werden zugleich die Steuererklärungen vereinfacht. Ihre Ausfüllung wird im Gegensatz zu heute fast ein Vergnügen sein. Eine entscheidende Ursache für Staatsverdrossenheit entfällt damit.

2. Verkleinerung des Staatsapparates

Abbau des aufgeblähten „Staatsapparats" in Bund und Ländern, in dem seit einem halben Jahrhundert neue Aufgaben und zusätzliche Posten geschaffen worden sind, die weniger der Allgemeinheit, sondern primär der Versorgung von Bekannten, Verwandten und Parteigenossen dienen. Sicher haben sich heute die Staatsaufgaben verändert und vermehrt. Aber man vergleiche zum Beispiel nur den Umfang der Ministerialbürokratie im früheren preußischen Kultusministerium der Weimarer Republik mit dem Ausmaß der Bürokratie in den heutigen Nachfolgestaaten und damit der Gesamtheit der Behörden, die an die Stelle des preußischen Kultusministeriums getreten sind. *Die preußische Sparsamkeit* verkehrt sich in ihr Gegenteil, wenn die Kosten der Freundschaftsdienste den Steuerzahlern aufgebürdet werden. Die Reduzierung des Behördenapparates ist von einem Abbau jener Aufgaben zu begleiten, die von privaten Unternehmen besser und billiger wahrgenommen werden. Auch dann bleibt noch die Frage, ob man die *wirtschaftliche Entwicklung* des Landes, von der doch unsere Zukunft abhängt, besser durch staatliche Finanzierung von Musicals oder durch bessere Ausstattung der Universitäten fördert.

Der Abbau des Staatsapparates ist nicht in der Depression, sondern während der Prosperität vorzunehmen.

3. Angleichung der Arbeitskosten

Lohnkosten, die im Verhältnis zu anderen Ländern überhöht erscheinen, lassen sich mit Vollbeschäftigung vereinen, wenn in einem Land ausschließlich oder primär Schumpeter-Güter hergestellt und exportiert werden, die am Weltmarkt ebenso wie im eigenen Lande nicht nach ihren Kosten, sondern nach ihrer Knappheit bewertet werden. Dies ist in einem Land wie Deutschland jedoch nicht der Fall. Wenn am deutschen Baumarkt Engländer bereit sind, für einen Bruchteil des deutschen Bauarbeiterlohns zu arbeiten, ist es an der Zeit, die Lohnkosten zu senken, damit sich die Herstellung beliebig reproduzierbarer Güter, zu denen auch Gebäude gehören, mit den einheimischen Lohnkosten durchführen läßt. Wenn ein Land über seine Verhältnisse lebt, gefährdet es seine Zukunft und damit sein soziales Versicherungssystem. Eine Angleichung an das Kostenniveau in der Welt ist dabei auf zweierlei Weise vorzunehmen:

1. Durch *Angleichung der Effektivlöhne,* die zur Folge hat, daß die Arbeitslosigkeit nicht mehr steigt, sondern sinkt.
2. Durch *Senkung der Lohnnebenkosten,* die zugleich dafür sorgt, daß das soziale System langfristig erhalten werden kann.

(1) *Der Arbeitsmarkt unterliegt in Ländern wie der Bundesrepublik ebenso wenig wie das soziale System (Arbeitslosen-, Krankenversicherung etc.) den Spielregeln einer Marktwirtschaft.* Es gibt hier keine Märkte, auf denen sich Anpassungsprozesse vollziehen, in denen Reallöhne oder soziale Leistungen nicht nur steigen, sondern auch fallen. Die Voraussetzungen für diese Anpassung (und damit für die sogenannten

Selbstheilungskräfte des Wettbewerbs) sind hier nicht vorhanden. *Der Wettbewerb ist für die Massenarbeitslosigkeit nicht verantwortlich.*[48] Denn auf Arbeitsmärkten gibt es keinen Wettbewerb in Deutschland und vielen anderen Ländern.[49] Solange und soweit funktionierende Märkte fehlen, bleibt nichts anderes übrig, als daß der Staat anstelle des Marktes auftretende Dissonanzen beseitigt, sofern dies die Sozialpartner nicht selber tun.

Sicherlich konnte in der Zeit der kapitalistischen Ausbeutung durch Lohnerhöhungen die Nachfrage speziell nach neuen Gütern und damit zugleich die Nachfrage nach Arbeit gesteigert werden. Auch in einem geschlossenen Handelsstaat, wie ihn sich Johann Gottlieb Fichte vorstellt, können Lohnerhöhungen die Nachfrage steigern, ohne daß negative Wirkungen auf den Export zu befürchten sind, weil es ex definitione keinen freien Außenhandel gibt. In einer Weltwirtschaft ist dies jedoch anders. Hier werden Ricardo-Güter, die bisher im eigenen Lande produziert wurden, bei höheren Inlandspreisen zunehmend im Ausland gekauft respektive durch Verlegung der Fabrikationsstätten im Ausland hergestellt. Sind also die Reallöhne in einem Land im Verhältnis zur Produktivität schneller als im Ausland gestiegen respektive war ihr Wachstum rapider als der auf die Arbeitnehmer entfallende Mehrwert, so hat eine Zurückhaltung in der Umverteilung einen positiven Einfluß auf die Beschäftigung. Je mehr die Löhne den sich in einer Marktwirtschaft respektive Weltwirtschaft gegebenen Bedingungen anpassen bzw. angepaßt werden, desto schneller vollzieht sich die Wiederbelebung der Wirtschaft und längerfristig auch die Schaffung neuer Warenqualitäten,

---

48 Auch im Kapitalismus entsprachen die Arbeitsmärkte nicht den Spielregeln der Marktwirtschaft. Die Anpassungsprozesse waren verfälscht, weil der Staat die Konzentration von Arbeitnehmern in Unternehmen erlaubte, aber den Zusammenschluß von Arbeitern zum Ausgleich ihrer Verhandlungsschwäche verbot. Infolge dieses staatlichen „Koalitionsverbotes" verloren die Arbeiter ihre wirtschaftliche Freiheit. Sie waren infolge der mangelhaften Rechtsordnung der Willkür der Arbeitgeber hilflos ausgeliefert.

49 Arbeitgeberverbände und Gewerkschaften sind *zweiseitige Monopole,* bei denen der Preis resp. Lohn von den *Machtverhältnissen* abhängt (v. Stackelberg, a.a.O., S. 198), und nicht zuletzt die Arbeitszeit.

so daß in absehbarer Zeit die Reallöhne wieder steigen können. Mit zunehmender Entwicklung erhöhen sich Beschäftigung und Reallöhne. Ein solches Programm setzt allerdings eine *Aufklärungskampagne über die marktwirtschaftlichen Zusammenhänge* voraus. Dabei ist vor allem dafür Verständnis zu wecken, daß in einer Marktwirtschaft die Reallöhne nicht immer nur steigen können, sondern mitunter sogar fallen müssen, wenn Vollbeschäftigung und Wettbewerbsgesellschaft erhalten werden soll. Wenn sich – wie dies für Marktwirtschaften charakteristisch ist – die Reallöhne allein innerhalb der letzten zwanzig Jahre vervielfacht haben, sind derartige vorübergehende Einbußen auch zumutbar, zumal wenn dadurch ein Wirtschaftssystem erhalten wird, das langfristig Vorteile für alle garantiert.

(2) Wie gegenwärtig der Arbeitsmarkt, so ist auch das *Sozialsystem* (Arbeitslosenversicherung, gesetzliche Krankenversicherung u.dgl.) in die marktwirtschaftlichen Anpassungsprozesse nicht eingebunden. Wenn das Gewicht des Sozialsystems zu schwer wird oder sogar die Gefahr entsteht, das es zusammenbricht, wird es notwendig, die Sozialleistungen zu senken. Das ist kein Abbau des Sozialstaats. Im Gegenteil. Es dient seiner Erhaltung. Dabei treten überdies positive Nebenwirkungen auf: Die Neigung zu unrechtmäßiger Inanspruchnahme von Sozialleistungen nimmt ab und das Interesse zur Leistung nimmt zu. Wenn für die medizinische Versorgung im erforderlichen Umfang gesorgt wird, sind die sich ergebenden Einbußen zwar im Einzelfall unerfreulich, aber im ganzen sozial verträglich. Dabei ist zu bedenken, daß die Alternative eine weitaus gravierendere Notlage ist, die eintritt, wenn die Marktwirtschaft eines Landes infolge Überforderung zusammenbricht. *Je schneller diese Gefahr überwunden wird, desto eher können die Sozialleistungen wieder heraufgesetzt werden.* Entscheidend ist, daß im Steuersystem, im Umfang des Beamtenapparats und der von diesem übernommenen Aufgaben wie bei der Festsetzung der Lohnkosten, auf die Voraussetzung einer störungsfreien Entwicklung der Volkswirtschaft Rücksicht genommen wird.

4. Abstimmung der staatlichen Gesetze, Verwaltungsakte u.dgl. auf die Lebensbedingungen der Marktwirtschaft

In einer Demokratie, in der die parlamentarischen Mehrheiten wechseln, dienen Gesetze unterschiedlichen und nicht selten sogar heterogenen Zielen. In der Regel spielen bei der Gesetzgebung irgendwelche, an sich verständliche Schutzbedürfnisse eine Rolle. Nur wird in der Regel bei der Abfassung neuer Gesetze vergessen, ihren Inhalt mit den Voraussetzungen einer Marktwirtschaft in Einklang zu bringen. Bei einem einzelnen Gesetz kann der Schaden noch vernachlässigbar sein. *Je mehr Gesetze geschaffen werden und je bedeutsamer diese Gesetze sind, desto mehr wird die Funktionsfähigkeit der Marktwirtschaft in Mitleidenschaft gezogen.* Dies gilt insbesondere dann, wenn sie zur Folge haben, daß die unternehmerische Bewegungsfreiheit durch langwierige Behördenwege oder mehrjährige Gerichtsverhandlungen eingeschränkt wird. Wenn Baugenehmigungen zu lange auf sich warten lassen, wird das Bauen von Fabriken uninteressant (oder ins Ausland verlegt). Und wenn erst nach Jahren Urteile ergehen, ist vielfach längst aus Recht Unrecht geworden. Nachträglich nützt die Feststellung, daß man im Patentstreit recht hatte, nichts mehr, wenn die eigene Firma inzwischen pleite ging. Allerdings ist die Durchforstung der Rechtsvorschriften keine Arbeit von Tagen, sondern von Jahren. Bisher ist noch nicht einmal eine Kommission eingesetzt worden, um die krassen Widersprüche zwischen Rechts- und Wirtschaftsordnung aufzuspüren.

5. Liberalisierung verringert Weltarbeitslosigkeit

Die *Weltarbeitslosigkeit* wird reduziert, wenn die Liberalisierung des Welthandels, die nach dem zweiten Weltkrieg auf halbem Wege stehen geblieben ist, zu Ende geführt wird. Das allerdings kann keine Nation für sich allein tun. Hier sind alle an der Weltwirtschaft beteiligten Staaten gefordert.

Hier muß zweierlei geschehen, damit möglichst alle Waren dort gekauft werden, wo sie am billigsten sind:

(a) Abschaffung respektive Reduzierung noch bestehender Zölle
(b) Abbau aller Erhaltungssubventionen

In einem geeinten Europa ist es nicht mehr notwendig, daß jedes Mitgliedsland jede Ware selbst herstellt. Wenn es um das Ziel der Weltbeschäftigung geht, ist es vielleicht möglich, daß die beteiligten Nationen ihre Eigeninteressen gegenüber dem Gesamtwohl zurückstellen. *Kurzfristig* ergeben sich hierbei zwangsläufig Härten, die durch Sozialpolitik gemildert werden müssen. *Langfristig* erhöht dieses Programm nicht nur die Beschäftigung, sondern den Wohlstand in der Welt.

6. Was ist also zu tun, um in Marktwirtschaften Arbeitslosigkeit zu bekämpfen?

Die letzte entscheidende Bedingung für die Beseitigung von Arbeitslosigkeit in Marktwirtschaften scheint so selbstverständlich, daß man sie kaum zu erwähnen wagt: Die Herstellung einer Wettbewerbsgesellschaft, in der Anpassungs- und Entwicklungsprozesse ungestört ablaufen. Aber – so merkwürdig dies klingt: Diese Bedingung ist in keiner Marktwirtschaft der Gegenwart auch nur annähernd erfüllt.

Arbeitslosigkeit entsteht, wenn man nationale Produktionen *künstlich am Leben erhält*, wie dies z.B. in vielen Ländern bei Getreide, Stahl oder Steinkohle der Fall ist, anstatt dafür zu sorgen, daß sich neue Märkte entwickeln, die auf lange Sicht mehr Arbeit schaffen. Es wird hierdurch nicht nur verhindert, daß jede Ware dort produziert wird, wo ihre Herstellung am billigsten ist, sondern auch die Entwicklung neuer Qualitäten von Gütern beeinträchtigt.

Arbeitslosigkeit entsteht, wenn *das Steuersystem die wirtschaftliche Entwicklung verlangsamt.* Es entsteht Unterbeschäftigung, wenn der echte Unternehmergewinn in gleicher Höhe belastet wird wie Kapitalrenten, Miete, Pacht oder Spekulationsgewinne. Die Innovationsneigung der Unternehmen wird beeinträchtigt, wenn der Staat die aus Novitäten – und damit aus neuen Güterqualitäten – stammenden Gewinne übermäßig (d.h. mit einem Satz von mehr als 30 Prozent) besteuert. Ebenso wird die Nachfrage der privaten Haushalte beeinträchtigt, wenn der Fiskus die Einkommenszuwächse, die dank der wirtschaftlichen Entwicklung entstehen, durch den Progressionseffekt der Einkommensteuer reduziert. Je weniger den Haushalten von ihrem Anteil am Mehrwert verbleibt, desto weniger sind sie in der Lage, neue Qualitäten von Konsumgütern zu erwerben und Entwicklungsinvestitionen zu finanzieren.[50]

Arbeitslosigkeit entsteht, wenn *unternehmerische Entscheidungsfreiheit beschränkt* respektive durch langwierige Genehmigungsverfahren der Behörden oder durch langwierige Gerichtsprozesse gelähmt werden, wobei man nicht einmal davon ausgehen kann, daß die zuständigen Sachbearbeiter oder Richter Kenntnis von marktwirtschaftlichen Zusammenhängen besitzen. In diesen Zusammenhang gehört auch die Beschleunigung und Verbilligung von Patentverfahren.[51]

Arbeitslosigkeit entsteht, wenn der Staat zuläßt, daß die *wirtschaftliche Entwicklung durch private Monopole* beschränkt wird oder die Freiheit der Wirtschafter und damit die *Freiheit der Partnerwahl* nicht gesichert ist, so daß anstelle von Unternehmen skrupellose Gangster entscheiden, wie dies im besonders krassen Umfang bei Einführung des Wettbewerbs in den neuen Ländern nach dem Ende der DDR zu beobachten gewesen ist. Milliardenbeträge sind hier nicht zur Belebung der Wirtschaft und zur Schaffung und Sicherung von Arbeitsplätzen, sondern für egoistische Zwecke verschwendet worden.

Arbeitslosigkeit entsteht endlich, wenn sich die Lohnkosten nicht – wie im Wettbewerb – der wirtschaftlichen Entwicklung anpassen – im positiven wie im negativen.

Vollbeschäftigung gibt es nur in einer freien Gesellschaft, in der jeder nach seiner Leistung am Mehrwert partizipiert und nicht nur viele, sondern vor allem freie Wirtschafter der ganzen Welt miteinander konkurrieren. *Rechtsstaat und Marktwirtschaft ergänzen einander.*

---

50 Vgl. hierzu Arndt, Vollbeschäftigung, Berlin 1984, S. 32ff. und S. 103; ders., Entwicklungsarbeitslosigkeit, Rev. Intern. di Science Econ e Comm, XXXII, Sept. 1985.

51 Sowie die Verhinderung von Sperr- und Wegelagerer-Patenten, welche die Entwicklung aufhalten. Vgl. Arndt, Lehrbuch des Entwicklungswettbewerb, a.a.O., S. 188f.

If you have any concerns about our products,
you can contact us on
ProductSafety@springernature.com

In case Publisher is established outside the EU,
the EU authorized representative is:
Springer Nature Customer Service Center GmbH
Europaplatz 3, 69115 Heidelberg, Germany

Printed by Libri Plureos GmbH
in Hamburg, Germany